JN026419

大国化する中国の歴史と向き合う

飯島　渉 編

研文出版

目　次

大国化する中国の歴史と向き合う

序論　大国化する中国の歴史と向き合う

飯　島　　渉

はじめに―増補版の刊行をめぐって

　本書は、2006年に刊行した『21世紀の中国近現代史研究を求めて』の改訂増補版である。旧版の刊行からかなりの時間が経過し、中国、台湾、香港の状況や国際環境、また、日本の研究をとりまく状況も変化している。そのため、旧版の刊行の目的であった大学院生やこれから研究を志す人に向けて問題を提起したいという趣旨を考えると、内容の改訂が必要であると感じていた。版元品切れとのお声がけもあって、昨年からそのための作業にとりかかった。

　まず、旧版の執筆者に対して、改訂の必要性を説明し、協力を得ることとした。旧版は、中国近現代史をめぐる研究入門というよりは、「日本の中国近現代史研究の方法、思想、制度などの問題点を整理し、それらをあえて抽象度をあげて議論することによって、私たちが行っている営為を批判的に継承してくれる大学院生に研究のあり方を考えるための材料を提示すること」（旧版、総説、2～3頁）を目的としたものであった。そのため、研究成果の公表のあり方、研究史の整理、史料をめぐる諸問題、通史に求められるものは何か、研究のための理論や明清史研究・現代中国研究との関係、外国史としての研究の意味、そして、研究を支える研究会や学会の問題を課題とした。

　本書においても、基本的な問題意識はかわっていない。しかし、何人かの旧版の執筆者の方から、ご自身の研究関心が変化したこともあり、別の執筆者を立ててほしいという要望を受けた。そこで、旧版の各執筆者の意向に沿って、①旧稿そのままとし、補論を付す（第1章：田中、第7章：岡本）、②旧稿に準拠しながらも改訂を行う（第2章：吉澤、第5章：石川、第6章：深町）、③表題も含め検討し、新しい内容とする（第8章：川島、第10章：飯島）とし、別に執筆を依頼して、研究をめぐる方法・思想・制度に関わる新たな章を配置することとした（第3章：佐藤、第4章：村上、第9章：上田）。

　改訂版では、旧版の問題意識を継承し、対象とする中国近現代史（もちろん時期や地域の範囲それ自体が課題となる）の舞台である「中国」の大国化という今日的な変化の中で、日本の研究のあり方を問うことを課題とした。これは、大学院生などとの対話を通じて、執筆者自身の研究へのスタンスを問うことでもある。また、歴史学というディシプリンの持つ個性を意識しつつ、中国研究のあり方を問うことでもある。この背景には、漢学の伝統と数千年にも及ぶ歴史それ自体を背景として、日本の中国学、中国史研究が大きな蓄積を有していることがある。但し、その蓄積のあり方への理解は、本書の執筆者によっても温度差がある。つまり、「重たい歴史」を持つ日本の中国近現代史研究が今後も意味ある研究を進めていくためにはどうしたらいいだろうかという問題を、執筆者の専門性や感性に即して再度論じることを課題とした。

大国化する中国と「チャイナ・シンドローム」

　本書の編集作業を進めている間に起きた大きな事件の一つは、香港において学生などの若者を中心とする中国政府への異議申し立てが急速に政治化したことであった。状況は依然として流動的であり、それが2020年1月の台湾における総統選挙にも大きな影響を及ぼした。私は、そうした状況の中で、「中国の大国化」をキィ・ワードとしながら、日本の研究に課せられた宿題を書こうと考え、原稿も準備していた。ところが、台湾の選挙が終わり、春節が到来するとともに、湖北省の武漢を中心として新型の肺炎が流行しはじめた。「チャイナ・シンドローム」というのは、私が大学の学部に入ったころに見た映画のタイトルである。米国にある原子炉がメルトダウンしてしまうと地球の裏側（これは事実ではない）の中国にたどり着いてしまうのではないかというあり得ない話がそのテーマだが、米国での封切り直後に、スリーマイル島の原発事故が起きたことで、よく知られるようになった。シンドローム（症候群）という言葉は医学用語で、私は、「中国の大国化」とそれを背景とする新型肺炎をめぐる状況を「チャイナ・シンドローム」とでも表現できるのではないかと感じたのである。

　本稿を書いている本日（2020年2月2日）、患者数は2003年のＳＡＲＳを超え、死者数も増加している。中国政府は、武漢を事実上「封鎖」し（この対策は、

英国とほぼ同じ人口を有する湖北省や東京都とほぼ同じ人口を有する武漢市を「封鎖」したという意味で、公衆衛生的には前例のないきわめて大規模な対策である）、外国を含む他全域への感染の拡大を防ぐための対策をとった。しかし、その後、中国における患者数・死者数は急増した。ＷＨＯは、今回の肺炎の流行が国際的な公衆衛生上の危機（PHEIC＝Public Health Emergency of International Concern）にあたると認定し、日本を含む諸外国は中国への渡航中止などを勧告し、同時に、湖北省を中心とする中国からの入国の制限を開始した。その後、東京オリンピックの開催も延期された。

　本書の編集と校正作業を進めたのは、2020年3月中旬のことで、状況は深刻の度を加えている。震源地であった湖北省や中国での状況は好転し、新たな患者の発生は減少している。しかし、韓国、イラン、イタリアなどで患者が急増し、ＷＨＯもついに世界的なパンデミックの段階に入ったと宣言した。特に、イタリアの状況は深刻で、北部を中心として患者や死者が急増し、市民生活の制限が開始された。こうした中で、米国がヨーロッパからの渡航を制限し、ヨーロッパの各国も国境の管理を再開し、移動の制限を開始した。日本でも小中高等学校の一斉休校が要請され、大学も卒業式や入学式を中止、あるいは規模の大幅縮小に踏み切った。4月に入ると、感染の中心は米国に移った。

　こうした状況を見ていると、2003年のＳＡＲＳや近年の新型インフルエンザの流行の際の状況との類似性を見ることが出来る。他方、中国の大国化がいよいよ顕著となり、世界の生産拠点となった中国における感染症の流行が世界経済を重篤な「病気」にかからせる構造となったことも実感する。新型肺炎の感染源とされる湖北省を中心に、地域間の摩擦、湖北省や武漢関係者への差別、医療機関の疲弊、マスクなどの衛生材料の不足などいろいろな事件も起きた。しかし、そうした状況はことさら中国だから起きている状況とは思われず、世界各地で感染症が流行した際にはしばしば起きうることがらである。中国政府がとっている対策も、ＳＡＲＳ対策を契機として再編された医療や公衆衛生事業のもと、国際的基準に依拠したものである。むしろ、諸外国の政府がとった対策は、中国政府が進めた強力な対策を後向いしている印象さえある。

　中国における新型肺炎の流行が公衆衛生上の危機であることは事実だが、それを観察する日本をはじめとする諸外国の目線にはさまざまなバイアスを感じる。改革開放以後の中国の変化の画期点の一つは1989年の天安門事件であろう。

そして、今一つの画期点を2003年のＳＡＲＳの流行と見ることも可能である。医療保健政策から見ると、中国政府はそれまでの市場経済化一本やりだった政策を転換し、政府の介入の度合いを高め、社区を単位とする衛生行政を展開するようになった。農村や農民の医療保険のあり方にも大きな変化があった。その意味で、ＳＡＲＳへの対策は今日の権威主義的な体制の起点と見ることが出来る。

　こうした中で、武漢発の新型肺炎をめぐる諸外国の報道、特に日本の報道ぶりを見ていると、それが中国のウィークポイントであることを過度に強調し（大国化への危機感の裏返し）、医療や公衆衛生行政の透明性が十分に担保されていないのではないかという批判や感染拡大を防ぐための対策の発動が遅かったのではないかという批判とともに、何よりも今回の新型肺炎が日本経済にどのような影響を及ぼすかにあまりに関心が集まりすぎている。自己と比較してしか、また自己との関係からしか他者を見ることが出来ない、あるいは自国との比較や関係からしか異文化を見ることが出来ない、ということなのかもしれないが、その論調はあまりに直線的との印象を免れない。そして、その責任の一端は日本の中国学にもあるように思われる。また、私たちは、大学などにおいてこうした状況の中で中国の歴史や近現代史を説明することを求められている。

求められる「強い歴史学」

　歴史や歴史学が中国理解の重要な部分を担うべきことはその通りだが、歴史学がその役割を果たしているかという点にはいささか疑問が残る。近年、とみに強調される人文学の危機の中でも、歴史学の研究や書物はかなりの数が刊行されている。しかし、現在の私たちの暮らしとあまり関係がない過去の出来事が歴史として消費されているのではないかという危機感も持つのである。

　20世紀末のある時期、将来的にありうべき食糧危機の中で膨大な中国人を誰が養うのかが真剣に議論されたことがあった。依然として一定の経済成長率をほこる中国ではあるが、人口ボーナスが終焉すると21世紀初頭に見られた高度経済成長の局面を維持することは難しく、急速に高齢化する中国社会を誰が支えるのかも今日的課題である。「一帯一路」政策の功罪は、近年その問題点が強調されることが多いが、中国政府がこうした中でも、一貫して資金や人員を

大量に投資して、アフリカ諸国にもその影響力を拡大しているのはそうした中国の直面している課題にリアリティーがあるからである。これらの課題に何らかの示唆を与える歴史や歴史学が教育され、再生産されているだろうか。これは、歴史学を支える大学や大学院の教育システムの課題であり、その第一義的な責任は、本書の読者である大学院生やこれから研究を志す皆さんよりも、大学という教育研究機関の中にいる本書の執筆者が持つべきであろう。しかし、私は、そうしたあり方を考えるうえでも、既存の日本の中国近現代史をめぐる方法、思想、制度などを折にふれて振り返ることが必要であると考えている。E.H.カーに安住するつもりはないが、過去と現在の対話を通じて、未来を見通すことが歴史学の学問的な特徴であるとすれば、本書のような理屈を言う試みが依然として必要だと感じるのである。

　旧版の改訂に参加して下さった執筆者の方がた、また、求めに応じて新たな章を準備して下さった三人の執筆者の方々には特に御礼を申し上げたい。三人の方々は、編者の世代とはひと回り以上離れた研究者である。研究を開始した時代、留学などの時期や研究の手法もそれぞれに異なっている。そうした方々の新しい章を読みつつ、増補版のための執筆と編集の作業は、私自身が自らの研究スタンスを振りかえる機会となった。私たちは折に触れて、本書の読者となる世代との対話の機会の増えることを願っている。そのためには、新たな資料とか、手法とか、フィールド調査などのチャレンジが不断に必要なのだとあらためて感じる。本書が大学院生やこれから研究を志す方の参考となれば幸いである。

I　方法をめぐって

第1章　研究成果を公表する

田中比呂志

はじめに

　研究者にとって、研究成果を公表することは研究の一連の過程における最も重要なステップと言ってもよいだろう。すなわち、自身の研究成果を公表しないうちは、その研究は完結したとは言えないのである。研究成果を公表することは、自身の研究を研究者共通の学問的財産とするということを意味している。さらには、他の研究者によって批判的に検討されることをも意味している。これらのことは、大学院生であるみなさんの場合にも同様に当てはまると言えるだろう。みなさんの当面の目標が修士論文や博士論文の作成であるとしても、それらの成果は、どのような形式であれ公表されなければ研究の進歩に貢献することにはならないのである。したがって、なんらかの方法を通じて、自身の研究成果を公表することは不可欠なのであって、その事情は、大学院生のみなさんの場合でも、専門研究者でも変わらない。ましてや、博士論文提出の前提条件として、1、2本程度、雑誌論文の発表を義務づけている大学もあるのである。

　研究成果を公表するためには、いったいいかなる方法があるのであろうか。たとえば、研究会や学会等の場において、口頭報告（これを発表とも言う）することもその方法の一つであり、自分自身でホームページ（HP）を作成して、そこで公表するのも一つの方法である。あるいは、修士論文や博士論文のように自分が所属する大学の図書館に収蔵され、あるいはホームページ上において公開に供せられる場合もある。さらに、それらの論文を単行本として刊行することも考えられる。だが、この方法は、そう簡単ではない。このように、さまざまな方法がある中で、最もポピュラーな方法は、学術雑誌に自身の論考を投稿し、掲載・発表するという方法であろう。そして、実は、自分自身の論考を雑誌に発表することは、後述するように、研究者としての地位を獲得するため

に必要不可欠な業績ともなるのである。では、研究成果の公表にあたっていったいいかなるルールがあるのであろうか。どのようなことに注意すべきなのであろうか。これまで、研究成果の公表については、指導してくれる教員や、先輩からのアドバイスや、あるいは他の人のやり方を見よう見まねで倣い、慣れて行った人々が多かったのではないだろうか。

　近年、大学院（とりわけ博士課程）拡充の進展にともなう大学院生の増加によって、学術雑誌に投稿・掲載される論文数が増加しつつある反面、論文審査を担当した人々からは論文そのものの質的低下を憂慮する声も漏れ聞こえてくる。そこで、以下、本章では雑誌論文を中心として研究成果の公表に関することがらを述べ、研究の発展に少しでも貢献できればと考える。

1　研究成果公表の様々なスタイル

　研究上における自分自身の新たな発見や独自のアイディア、新しい視点の提示、ある事象に関する合理的な説明や理解を提示し、他の人々に知ってもらうための場やスタイルには、大変に多くのやり方がある。ここではそれらの中で大学院生のみなさんが関係する機会が比較的多いと思われるものについて述べておきたい。

口頭報告

　自分自身の研究を公表するためには、実にさまざまな手段がある。それらのうち、大学院生のみなさんが、最初に経験するのはおそらく口頭報告形式の公表であろう。その場としては大学のゼミや研究会、そして学会などの場があるが、これらのうち順を下るものほど公開性は高くなる。つまり、よりたくさんの人に聞いてもらえるのである。学会報告の場合、一般的には、まずその学会の会員となることが前提となる。報告の形式としては、テーマ別報告と自由論題報告とがある。前者の場合は、主催者側が設定したテーマに沿うべく、報告者を選定して依頼する場合がそのほとんどである。大学院生であるみなさんの場合、この形式での報告の機会はあまり多くないかもしれない。一方、後者は自分自身がエントリーし、主催者側の受諾を経て実現するものである。大学院生のみなさんの場合、こちらの形式による機会が多いものと思われる。

　ところで、口頭報告には時間制限がつきものである。それぞれの学会によって持ち時間は異なるが、長いもので60分程度、短い場合は10～15分程度である。それ故、報告内容やレジュメは簡潔にわかりやすくすることを心がけねばならない。これらに関しては『中国近現代史研究のスタンダード』（田中・飯島編2005：148、149頁）や本書コラム[1]を参照してもらいたい。口頭報告の醍醐味は、報告の後に行われる質疑応答であろう。それによって自身の考え方を修正したり、自分が気がつかなかったことに理解が及ぶようになることもあり、より深く研究を進めるためのヒントやその糸口を見いだすことができるかもしれない。さらには、自分自身の考えを公表し、質疑応答を通じて研究の進展に貢献できるならば、まさに理想的と言えるだろう。

　しかしながら大学院生のみなさんの立場からすると、口頭報告はおそらく研究成果公表の完成された形態ではない。やはり、発表を一つの準備作業としてそれをより広範な人々に読んでもらうことが望ましい。すなわち、最終的にはそれを論文化することが必要なのである。

書　評

　自分自身の行っている研究に関連した書物が新たに出版された場合、書評することを通じて自らの見解を明らかにすることができる。無論、書評には書評のためのルールがあるので、自己の見解や考えをただ一方的に述べ立てることは固く慎まねばならない（第2章の吉澤論文を参照のこと）。また、書評のための字数の分量も雑誌により千差万別なので、与えられたスペースの範囲内できちんと批評することは、そう簡単なことではない。ある一部の雑誌には書評原稿を投稿することも可能であるが、しかし一般的にはそのほとんどが編集委員会からの依頼により実現するものである。したがって、大半の雑誌では書評原稿の投稿に関する規定が掲載されていない場合がほとんどである。さて、指導教員の立場からすると、大学院生のみなさんが自ら積極的に書評原稿を書くことを勧めたくはない。なぜならば、書評を書くよりも学術雑誌にきちんとした論文をまず一本書くことを勧めたいからである。

　しかし、研究会や学会などで口頭報告を行い、あるいは雑誌論文を発表して、自分自身がいかなる研究関心の下でどのような研究を実施しているかがそれなりに知られるようになった場合、書評の依頼が来るかもしれない。その際には、

ルールを逸脱しないようにしながら、自分自身の見解を世に問うようにしてもらいたい。いずれにしても、その基本は学問や研究の進展に少しでも資するかどうかであろう。なお、書評とは性格を異にする『史学雑誌』の「回顧と展望」も、同様であることを付言しておきたい。

　上述した口頭報告、書評以外にも、たとえば研究動向の整理・展望、文献紹介、学会参加記、史料紹介、資料館や檔案館の紹介、コラム、文献目録など、さまざまなジャンルがある。それらのうち、いくつかは投稿を認めている雑誌もある。

2　個人の研究と論文

力量を示すバロメーター

　以上にみてきたことに明らかなように、大学院生のみなさんが自分自身の研究成果や論考を公表し、本格的に中国近現代史研究の世界にエントリーしたいと思うならば、日本語のものかどうかはともかくも、まずは学術雑誌に投稿することから始めるべきであろう。これが、最もオーソドックスな研究の道のりなのである。学術雑誌に論文を発表することは、研究者としてのみなさんの力量を天下に示すことであるとともに、他の研究者からみなさんの力量を見極められることをも意味する。つまり、論文はみなさんの研究者としての能力や将来性を推し量るための重要な指標でもあるのだ。別言するならば、若手研究者としてどのように評価されるかは、雑誌に掲載され、公表されたみなさんの論文の内容やその出来次第なのである。

研究者（職）への道のりと業績

　修士課程に在籍しているみなさんの中にも、さらに博士課程に進学し、将来、大学（の教員）や研究所に籍を置く研究者としての人生を歩みたいと考えている方も少なくないであろう。では、かれらはいったいどのようにリクルートされるのであろうか。

　試みに、みなさんの大学に送られてくる公募情報を参照してみてほしい（あるいは JREC IN 研究者人材データベース http://jrecin.jst.go.jp/ を参照してもらってもよい）。まず、募集にあたって、募集する分野、任期、保有する学位の種類

など、様々な条件が設定されていることがわかることであろう。これに加えて、必要な書類——履歴書、研究業績目録および著書・研究論文（の現物、あるいはそのコピーや別刷り）、それらの要約など——を送るように記されているはずである。これらの書類や業績そのものは、審査のために用いられるものである。公募するにあたって、業績数の下限（3点以上、とか）を設定していることもある。3点以上と制限されている場合には、業績が2点以下の人は残念ながら応募できないことになる。通常、その業績数は、学術雑誌に発表した論文を対象とするものである。ただし、上記のような場合、3点あれば条件はクリアーするが、もっともその場合でも、単に応募できるというだけであって、採用されるかどうかとは全く別の問題である。誤解がないように強調しておきたいのであるが、一つ一つの研究論文はあくまでも質が重要なのである。しかしながら、上述のような条件があった場合、最低3点なければ募集対象者として評価されないことになってしまうのだ。これは、応募者の研究者としての素質や将来性を見極める必要性から設定される数量的条件なのである。応募者の業績を何点か見ることによって、研究の方向性や広がり、発展性、体系性を見極めるのである。したがって、確かに公募においては数量も無関係ではないのであるが、しかし、研究を進めていく中では、あくまでも質を維持して行かねばならないことを銘記すべきであろう。ただやみくもに、本数を増やせばよいというわけではない。要は一本一本の積み上げなのである。本数はその結果にすぎない。

学位論文と雑誌論文

　修士論文や博士論文のように、論文を提出して、所定の審査に合格すると修士号、博士号を取得できる論文のことを学位論文という。この点で雑誌論文とは性格を異にするものである。それらのうち、修士課程終了時に執筆を義務化されているのが修士論文である。また、博士課程の修了時、もしくは終了した後に申請して学位を取得するためのものが博士論文である。以前では、博士号の取得は必ずしも義務化されていたわけではない。しかし、近年では、博士号の取得（課程博士という）は半ば義務化されつつある。

　では、学位論文と雑誌論文との関係は、いったいどのようであろうか。一般的に言って、大学院生であるみなさんが作成する雑誌論文は、修士論文をもとにして作成される場合がほとんどと言えるだろう。ところが、学位論文と雑誌

論文とでは、文章のボリューム自体が相当に異なる。歴史学の修士論文の場合、400字詰め原稿用紙に換算して200〜300枚くらいが一般的であろうか。また、博士論文の場合は500枚くらいにはなるであろう。これらに対して、雑誌論文の場合は、せいぜい40枚から80枚程度である。修士論文や博士論文の、およそ一章程度の分量である。

　たしかに、修士論文を構成する各章がそのまま雑誌論文になりうる場合もないわけではない。しかし、その場合においても論理構成の手直しや問題意識の整理、体裁の改訂などを必要とする場合が少なくない。上述してきたように、修士課程を終えた大学院生のみなさんにとっては、修士論文をベースにしての雑誌論文の作成が当面の目標となるわけである。

　博士課程に進学した大学院生のみなさんの、もう一つの目標は博士論文の作成であろう。博士論文は通常、修士論文で設定した問題関心をもとにして、それをさらに発展させて執筆することになる。ただし、修士論文とは異なる関心・テーマで執筆される場合もないわけではない。いずれにしても、博士論文の作成が一大目標となることは間違いないと言ってよいだろう。一般的に言えば、おそらく雑誌論文の作成は博士論文作成のための重要な一里塚となることであろう。そして、博士論文そのものは、なんらかの形で公表が義務づけられており、著書として公表される場合も少なくない。近年の大学教員や研究職の公募では、博士号の取得の有無を応募の条件としている場合が確実に増加している。それ故に、修士論文を作成した後には、雑誌論文を発表することと同時並行して、博士論文の作成に努めることが必要とされるのである。

3　学術雑誌へ論文を投稿する

　本節では、大学院生であるみなさんが、自身の研究成果を学術雑誌に投稿するにあたっての、留意すべきさまざまなことがらについて述べておきたい。なお、以下、日本語の雑誌を念頭に置いて行論するが、外国語の雑誌を排除しているわけではない。

多種多様な学術雑誌

　上述してきたように、学術雑誌に自分自身の論考を投稿して、雑誌論文とし

て研究成果を発表することの意味や重要性については理解していただけたであろうか。では、いったいどの雑誌に投稿したらよいのであろうか。というのも、近年、学術雑誌の種類が急速に増えており、それ故、みなさんがどの雑誌に投稿するのがよいのか選択に迷うかもしれないからである。

　こころみに図書館や学科の資料室などに並べられているさまざまな学術雑誌を、実際に手にとってながめてみて欲しい。雑誌の各所に、その雑誌のことを知るための手がかりがちりばめられていることがわかるであろう。例えば、雑誌の表題、発行主体、目次、発行間隔、投稿規定などを見ると、その雑誌の性格が見えてくることであろう。学術雑誌とはいえ、その性格は実に多種多様なのである。

雑誌の守備範囲

　まず注目してもらいたいのは、その雑誌がどのような内容の論考を掲載する雑誌なのかということである。いわば、雑誌の守備範囲とでも言ったらよいだろうか。その区切り方もさまざまで、東洋とか中国、あるいはアジアといった地域性、秦漢とか近現代といったような時代性、社会史とか経済史、あるいは文化といった分野性、などの区分けが主なところであろうか。また歴史の学術雑誌であることはわかるものの、上述のようなキーワードが全く付されていない雑誌があることにもすぐに気がつくことであろう。例えば『史学雑誌』、『歴史学研究』、『史林』、『史学研究』『歴史評論』などである。これらの雑誌は、実は守備範囲を特定していない歴史の総合的雑誌なのである。

　また、歴史専門の学術雑誌ではないにしろ、他分野の論考とともに歴史の論文を掲載する学術雑誌もある。たとえば、『アジア研究』、『アジア経済』あるいは『中国――社会と文化』といった雑誌である。前者には現状分析の論考に混じって歴史学分野の論文が掲載されることがある。また、後者はいわゆる中国の哲史文分野の論考を専門的に掲載している雑誌である。

　このように、各雑誌にはそれぞれその雑誌の性格があるので、そのような事情を考慮しておく必要性があるのである。そうでないと、せっかく投稿しても門前払いになってしまうことや、掲載されても歴史研究者に読んでもらえないというようなことがあるかもしれない。

投稿規定を読む

　学術雑誌には投稿規定が掲載されているものと、されていないものとがある。ここでは、投稿規定が掲載されている雑誌を事例として話を進めてみよう。というのも、投稿規定の無い雑誌は、原則として投稿を認めていない雑誌ということになるからである。

　さて、投稿規定には、募集する原稿の種類、字数制限、投稿原稿の書式、投稿資格、投稿原稿以外に必要な書類、原稿送付先、審査の有無、使用言語、締め切り、その他のルール、等が書かれている。別言するならば、形式的外形的な要件を規定しているのが、投稿規定なのであり、その雑誌に投稿したいと考えるならば、誰もがこれを守らなければならない。それ故、投稿を受け付ける雑誌であるならば、どの雑誌であれ、これらの要件を満たしているかどうかのチェックがかかる。すなわち、一種の審査でもある。これらの諸規定を厳守することは、投稿者として不可欠のマナーであり、厳守すべきものである。

　原稿の種類とは、論文とか研究ノート、史料紹介、研究動向整理などのジャンルのことを指す。それぞれの種別により制限枚数が異なる場合が多い。制限枚数は200字詰め原稿用紙、400字詰め原稿用紙に換算して50枚とか80枚とされている場合がほとんどである。問題はそれらの枚数が「以内」なのか、あるいは「程度」なのかである。「以内」とある場合には、必ず枚数制限以内に収めなければならない。もし制限枚数を超過した場合は、内容の如何を問わず無条件に返却となってしまうことがほとんどである。「程度」とある場合は、枚数を若干超過してもよいのであるが、超過の程度は編集委員会の裁量に委ねられていると言ってよい。学術雑誌には毎号のページ数が厳密に決まっているものもあれば、号数によって変動するものとある。いずれにせよ、刊行費用の問題が関わることを忘れないでもらいたい。雑誌の刊行費はどの雑誌においても、大変に厳しいものがある。それ故に、制限枚数を厳守するように努めていただきたい。

　学術専門誌は一般の書店で売られる雑誌もあるが、それは非常に少ない。大半は、会員の購読によって支えられている。それ故に、投稿の際に、あるいは原稿を掲載する際に、その雑誌の会員になることが不可欠の条件とされるのである。また、各雑誌には数人から十数人程度の編集委員が任に当り、企画・審査・編集・校正・雑誌の発送などの仕事をこなしている。彼らは定期的に、手

弁当で編集会議に参加し、運営にあたっている。みなさんが投稿した論文が活字になるまでには、実にさまざまな人々のさまざまな営為が存在するのである。このことを十分に理解してもらいたいと思う。

審査の有無

　学術雑誌には投稿された論文に対して内容の審査（査読、レフェリー）を行う雑誌と、行わない雑誌とがある。審査とは、上述した投稿規定のような外形的審査とは別に、投稿された論文を審査員が読み、その雑誌に掲載するに値する内容の論考かどうかを判断することを指す。では、内容審査の有無は、いったいどのような意味を有するのであろうか。また、大学院生のみなさんが自身の論考を発表するのに、審査のある雑誌とそうでない雑誌とは、どちらがよいのであろうか。

　ここでまず、誤解の無いように強調しておきたいのであるが、論文は何よりも内容が第一である。したがって、内容が十分ならば、実質的に審査の有無は関係ないと言えようし、仮に審査があったところで最少の修正を施すことによりやすやすと審査を通過することであろう。それ故、雑誌がどのようなものであれ、論考の内容が十分であれば、審査の有無は大したことではないように思われる。しかしながら、以下に述べるようなことがらはやはり考慮しておいた方がよさそうである。

　審査のある雑誌と審査のない雑誌とでは、いったいどのような点が異なるのであろうか。無論、両者がともに学術雑誌であることにはかわりがない。しかし、あくまでも一般論ではあるが、全国的に会員を集め、長い歴史を持ち、研究室や大学図書館だけではなく公立の図書館の雑誌コーナーなどにも並んでいるような学術雑誌に、公式に審査制を採用している雑誌が多いようである。これに対して、院生雑誌は無論のこと、研究会雑誌、紀要などは公式に審査制を採用していない雑誌が少なくないようである。

　審査の有無以外に、前者と後者との相違点がいくつか存在するように思われる。これまた一般論ではあるが、第一に、前者は後者に比べてその会員分布は全国的であり、会員数も比較的多く、それ故に発行部数が多い。すなわち、それらの雑誌に掲載されれば、自分の論考がより多くの人の目にとまる可能性が高いことになる。第二には、前者の方が後者に比べて年間の発行回数が多い雑

誌が少なくないことである。雑誌はその発行回数によって月刊、隔月刊、季刊（年4回発行）、半年刊、そして年一回の刊行、不定期刊などに分けられる。それらのうち、月刊、隔月刊、季刊を採用する雑誌に審査制を採用するものが多いのである。それ故、これらの雑誌に投稿してもし掲載が決定した場合には、掲載されるまでの時間はむしろ短かくなる。

審査の必要性

　その雑誌が学術雑誌であるからには、雑誌の水準を維持しなければならないのは当然のことである。投稿される論稿が、いずれも一定の水準を超えているのなら問題はない。しかしながら周知の如く、論文の執筆・作成には、内容は無論のこと、文章表現や形式にもそれなりの水準が要求される。おそらくみなさんは修士論文の作成過程で経験していることであろうが、自分自身の思考を文字化して過不足無く表現し、定着させ、なおかつそれが他の読者に理解されるものに仕上げることは、そう簡単なことではない。さらに、前述したように、雑誌論文の場合は、必ず枚数制限がともなう。限られた紙幅の中で、自身の主張をまとめねばならないわけである。ところが、このような技術は一朝一夕に習得しうるものではない。投稿者の誰もが、最初からこのような水準に達しているわけではないのである。以上のような理由により、審査制を採用している雑誌が存在するのである。

　これを逆に考えると、すなわち、審査を経て掲載された論考は、その雑誌の最低限の水準を超えたものと認知されるわけである。それ故、審査のある雑誌は一面において若手研究者の登龍門的発表の場でもあると言ってもよいだろう。論文の水準をより向上させるためにも、あるいは自身の論考を一人でも多くの人々に読んでもらうためにも、大学院生のみなさんが、最初に雑誌に投稿する場合には、審査のある雑誌への投稿をお勧めしたい。私自身の経験では、やはり審査つきの雑誌論文をまず一本書くことで、そのような技術は飛躍的に向上するように思われる。つまり、審査付の雑誌に論文を投稿するということは、自分自身の論文技術の向上に直結するのである（これは、どんなに優れた指導教員が教えるよりも、よい教育効果があるように思われる）。

審査の手順と評価

　では、投稿された論文はいったいどのような手順を経て、掲載にまで到るのであろうか。投稿された論考は、まずその雑誌の編集委員会に手交され、投稿規定にのっとった審査が行われる。その際、規定に照らして違反があった場合には、内容審査に進まず、不適格な部分の改善を求めるか、あるいは単に返却されることがある。とりわけ、枚数が超過している場合は、直ちに返却になるケースがほとんどである。その場合は字数を削減して再投稿しなければならない。このように、外形的条件をクリアーしてはじめて内容審査に付されることになる。審査は通常、編集委員と外部の審査員との、複数の審査者により審査される。内外の審査員は、ともに投稿された論文の内容に最も精通しているか、あるいは研究テーマが近い研究者が担当し、審査することになる。審査のために必要とされる時間は、およそのところ３ヵ月程度である。

　内外の審査員の審査所見ができあがると、それらの見解をもとにして編集会議が開催され、掲載の可否が検討される。審査結果は大別して掲載可、書き直し、返却の三段階である。これらの評価は、学術誌によって細部には若干の異同があるかもしれないが、いずれにしてもこの三段階が基本的な評価である。掲載可の場合でも、そのままで可の場合と、若干の文言の手直しが求められる場合とがある。掲載可となった場合、雑誌の発行間隔や、掲載予定原稿の多寡により事情はやや異なるが、早い場合には掲載決定後、半年程度で活字化されることになる。

　ところが、実際、審査を一回で通過する投稿原稿は実際にはそれほど多くはない。大半は書き直しや返却という判定となってしまうのである。この評価が為されるのは、論文全体の問題意識や骨組み、論証、結論などに不十分な点があり、掲載するにはなおまだ加筆・修正が必要と見なされる場合である。評価の決定後、論文のどのような点に問題があるのか、どこを改善してもらいたいのか等を記した審査結果（コメント）が添付され、原稿ともども投稿者に返却される（コメントなしの場合もある）。再投稿する場合には、その審査結果に言及されている要求をクリアーしなければならないのである。このようなやりとりが一回で済むのか、あるいはさらに何回かのやりとりを経ることになるか、実際にはさまざまである。肝心なことは、「再投稿は当然なのだ、一回で通ることはほとんどない」といった心構えをしておくことであろう。より早く掲載

へこぎ着けるコツは、最初の投稿の段階で、より高い水準にある完成された原稿を準備することである。とりわけ、はじめて学術雑誌に論文を投稿する際には、大学院の指導教員に一度は目を通してもらい、コメントをもらうとよいだろう。できるだけ良質な論文を準備していただきたいと思う。

　さて、審査の結果、残念ながら返却扱いになってしまう投稿原稿も無いわけではない。これは、論文全体の問題意識や骨組み、論証、結論などに大きな問題を抱えていて、根本的に修正しなければならないと判断された場合である。すなわち、部分的な修正では事足りないと見なされた場合である。しかし、この場合でもほとんどの雑誌ではコメントが付されるので、自分自身の論考のどのような点が不十分だったのかを理解し、改善に役立てて欲しい。

審査のポイント

　では、投稿論文の審査のポイントとは、いったいどのようなことなのであろうか。実は、これはとりたてて特殊な基準が設けられているというものではなく、学位論文、雑誌論文の作成に共通する普遍的なことがらである。『中国近現代史研究のスタンダード』（田中・飯島編2005）の「卒業論文を書く」に記したように、そのポイントとは、論文としての有意性、オリジナリティ、史料の使い方、論理性、文章表現、といったことがらなのである。これらのことは、同様に雑誌論文にもあてはまるのである。

　論文の有意性とは、その研究が、研究史上において有する重要性のことを指す。いわゆる重箱の隅をつつくような研究は、有意性が低いと言わざるを得ない。

　論文としてのオリジナリティとは、別言するならば先行研究をきちんと踏まえ、研究史上における自己の論考の位置づけが明確になっているかどうかを問うものである。別言するならば、論文としての個性や主張の明確さを要求されているわけである。もし、オリジナリティが無かったとしたら、その論考を雑誌に掲載する意味はない。したがって、この点は特に厳しく吟味されるのである。

　史料の使い方とは、自身の主張やオリジナリティを裏付けるために使用する史料が適切であるか、その解釈が適切であるかということを問うものである。編集委員会において投稿された原稿を検討する際に、しばしば「この事象につ

いて論証するためにはもっと別にふさわしい史料があるのですが…」とか、「この史料だけでは、論証として弱いですね」といった審査者のコメントが付されることがある。やはり、史料の問題は作者の主張を支えるものであるだけに、おろそかにするわけにはいかないのである。また、とりわけ外国史研究の場合、史料を現代日本語に翻訳しなければならないこともあるわけで、その訳文が正しいかどうかもチェックする必要があるのである。

　論理性とは、自分自身の論考において主張したいこと、オリジナリティが説得的に主張されており、そこでの論理が首尾一貫しているか、矛盾や破綻していないかを検討するものである。表題や論文の冒頭で課題設定をしたものの、それが途中でずれてしまうことがあるためである。論理が通っていない文章は論文とは言い得ないし、当然ながら読者も理解することは容易ではなくなるわけである。

　文章表現とは、日本語のチェックである。これは必ずしも外国人が日本語で投稿するからという理由ではない。むしろ、日本人投稿者の日本語能力が問題なのだ。誤字（植）、脱字はもとより口語的表現、不適切な係り受けといった問題から、指示語の指す内容の不明瞭さ、助詞の用法、そして理解不能な文章（これは必ずしも晦渋な言いまわしによるものではなく、単に理解不能なのである）が少なくないのである。それらの程度が軽微な場合には校正時に訂正するということも可能であるが、そうでない場合には修正する必要性があるのである。

論文審査の裏事情

　なお、審査付雑誌への投稿に関して、一言だけ付け加えておきたいことがある。それは、学術雑誌の編集や論文審査（内部外部とも）のほとんどが、ボランティア的貢献により成り立っているという事情である。編集委員会は定期的に開催されるが、それに出席するにあたって手当や交通費が支給されるわけではないし、投稿論文の審査を行っても（内部、外部ともに）審査料が支給されるわけでもないのである。さらには、論文一本の審査には何時間も必要であるし、投稿者への審査結果の執筆に半日もかかる場合だってあるのだ。このように、一本の投稿論文が審査を経て活字となるまでには、多くの人々の協力や努力があるのである。

　また、それぞれの学術誌の財政状況も大変に厳しいものがある。投稿原稿を

外部審査者とやり取りする際の、あるいは書き直し、返却となった投稿原稿を
投稿者に返却する際の送料も雑誌側の負担となるわけで、決して潤沢とは言え
ない財政事情からすると無視できない支出なのである。

　このように、学術誌を学術誌として成り立たせている以上の事情を、理解し
ていただきたいと考える。学術雑誌の会員となることは、投稿する権利を得る
ことができるというだけではなく、学術雑誌の存続を支えることをも意味して
いるのである。

おわりに

　以上に述べてきたように、学術雑誌に自身の論考を発表することは、研究者
としての大切な第一歩であると言ってよいだろう。それを通じて、はじめて他
の研究者から一人の研究者として認知されることになるのである。すなわち、
これにより相互に批判し、批判されるという関係が形成され、学問の進歩に寄
与できることになる。そして、その際に必要なことは、年齢や経歴ではなく、
他者の意見に耳を傾ける謙虚さと学問に対する情熱だけなのである。

増補版のための補論

　「研究成果を公表する」を執筆してから10年余りが経過した。この間の研究をめぐる状況の変化は如何なるものであったか。

　研究成果を公表するという作業は、修士課程の成果である修士論文が基盤となっていることがほとんどである（ごく稀に優れた卒業論文の成果が専門雑誌に投稿されて、掲載される場合がないわけではないが）。研究成果を公表するという基本的な手順や考え方は、この10年余の時間の経過を経ても大きく変わるものではないと言えるだろう。しかし、研究成果を公表することの前提となる研究環境の変化は、やはり大きいと言わざるを得ない。また、「研究成果を公表する」で触れなかったこともあり、以下、「補論」的な意味で、それらについて述べてみたい。

　なぜ研究成果を公表する必要があるのか？　それにはいくつかの動機付けが可能である。まず、研究すること、そして研究成果の社会的有用性という視点から見てみよう。オリジナリティを持った新しい研究成果が公表されると、論争を通じて新たなる「化学反応」が生まれ、場合によってはそれが連鎖的に展開する。そしてその結果、それまでの常識が常識でなくなり、やがてあたらしい常識が定説として安定化していく。研究成果はこのような経緯をへて発展していく。ここまでは専門研究者の学問的世界の内側で起こるものである。

　しかし、とりわけ人文社会科学分野においても、より意識されるべきは社会的に如何に還元していくのか、ということであろう（このことは日本学術振興会『科学の健全な発展のために―誠実な科学者の心得』にきちんと示されている）。これ無くしては研究＝趣味と言われかねない。如何にして一般の人々の世界につなげていくのか。社会的還元はどのようになし得るのか。それにはいくつかの経路がある。

　最も影響力が大きな分野の一つは、おそらく小学校から大学に至るまでの歴史教育に関わる部分であろう。すなわち広義の歴史教育（歴史に関する授業はも

とより歴史教育の制度構築、教科書の執筆、入試問題の作問等に波及していくので、これらをも含める）の内容に関わることである。修士課程を修了した人々の専門に関わる有力な進路として、博士課程への進路（研究者志向）と、小中高教員への進路があげられようが、広義の歴史教育については前者と後者とがともに関わる重要な還元分野と言えるだろう（ただし、関わり方には当然、異同がある）。歴史教科書の執筆や監修、教材の提供も重要である。無論、これらに直接関係する研究者・現職教員は限定的であるが、歴史学研究の成果は、確実に教科書記述に反映される。そしてこれにより歴史教科書は変化していく。

　大学の授業も当然ながら重要な社会的還元の一つである。大学の授業には「歴史と文化」「日本史概論」「東洋史概論」「西洋史概論」や「歴史学演習」「歴史学文献講読」のような授業があり、一般教養的な性格の授業もあれば、専攻・コースによっては必修や選択必修になっていたり、教員免許（中学校社会、高校地歴公民）取得には必要不可欠な単位となっている場合もある。研究者としての道をこころざし首尾よく大学でのポストを得ると、次には上記のような授業を行い、人材を育成するという仕事が待っているのである。

　一般人向けの啓蒙書の執筆も重要な社会的還元の一つである。新書やブックレット、概説書などをはじめとする一般向けの書物は、ある意味、専門書以上に広い影響力を持つ可能性がある。一般向け書物とはいえ、蓄積された研究成果がその背景・基盤に存在する。そして当然ながら新しい事実や新しい視角、とらえ方が一般向け書物にも反映されることになる。

　その他には、一般向けのセミナーや市民向け講座なども研究成果の公表の場となる。また広く一般大衆を対象としたものではないが、大学が教員免許講習などを開講している場合、研究成果を生かした内容を講習の場で講じることも社会的還元の一つと言えるだろう。最新の研究成果を知りたいと考えている教員も少なくない。

　次に、研究環境の変化について述べてみたい。研究環境で最も大きな変化は、むろん部分的制約が完全になくなったというわけではないが、とりわけ中華人民共和国（以下、人民共和国と表記）における研究の著しい進展、研究成果の大量発表・公開ではないだろうか。たとえば、戊戌政変研究では、旧来、政変の直接的引き金を引いたのは袁世凱の「密告」であるとされてきたが、研究が進んだ結果、旧説が間違いであることが明らかになった（茅海建『戊戌変法史事考』）。

　人民共和国で進められてきた国家プロジェクトも研究環境の大きな変化をもたらすものだった。人民共和国では清史編纂事業の推進のために、2002年、国家清史編纂委員会を立ち上げた。これ以降、事業の一環として史料の編纂・出版が大々的に成された。たとえば『袁世凱全集』（河南大学出版社）などはその中のほんの一つの成果にすぎない。同全集は、日本の静嘉堂文庫所蔵の袁世凱関係史料（「袁氏秘函」）をも収録するという徹底ぶりである（とはいえ、「発見」の新しい諸橋轍次記念館収蔵史料は収められてはいない）。このように、編纂史料が大量に出版される状況が生じたのである。また、同事業は考古学的発掘・科学的調査による新たなる事実の解明も進めた。光緒帝の死因が急性ヒ素中毒であったことを明らかにしたのである。以上のような変化は、確実に日本の研究者や研究環境に利便性をもたらし、刺激を与えていると言えよう。その一方で、このような状況は、ある種の困難性を高めてもいる。人民共和国の主要な大学と比較して日本の大学・学術機関の予算措置が貧弱且つ年々劣化していることから、それらの史料の購入を困難にしているという問題がある。また人民共和国における学術論文の蓄積の増大や発表数の増加は、先行研究の完全把握を困難にしているという問題もある。

　時間の経過は、史料公開にも深く関わっている。文献や史資料のデジタル化が進められて来ており、インターネットを経由して閲覧が可能となった文献・史資料の数は確実に増加している。

　また、日本の外交史料と同じように、人民共和国の各檔案館に収蔵されている檔案史料も30年ないしは50年過ぎると公開するという原則が法に定められている。それからすると2020年現在、1960年代末頃までの檔案史料が原則公開となる。人民共和国の歴史からすると、大躍進期、四清運動期、そして文化大革命期初期の、いわゆる毛沢東時期に該当する。近年、開示された檔案史料を用いた研究書が翻訳されて、日本でも出版されている。その重要な成果として、かつては1959〜1961年の 3 年間（これを中国では「三年困難時期」と称する）の減少人口数は1300万人、あるいは2000万人、2500万人という説もあった（若林敬子『中国の人口問題』）。しかし、開示された檔案史料を使用した著作では、一つは餓死者だけで3600万人とし（楊継縄著、伊藤正・田口佐紀子・多田麻美訳『毛沢東大躍進秘録』）、もう一つは「控えめに見積もって4500万人」としている（フランク・ディケーター著、中川治子訳『毛沢東の大飢饉』）。

　さらに、ここ最近注目を集めつつある史料に「村落檔案史料」「民間史料」
などと呼ばれている史料がある。史料自体は手書きのものが多く含まれており、
家譜や族譜、土地文書なども含まれ、地域社会の状況や歴史の展開を知るため
には不可欠な史料である。村落檔案史料は、年代的にはおよそのところ1950年
代以降、1980年代くらいまでに作成された史料であり、ちょうど上述した毛沢
東時代に作成されたものも少なくない。この時期を知るための手がかりとして
従来使用されてきたのが中央の政権が公開した公式情報、公開情報で、中央に
偏っており、かつ信憑性の問題も無視できなかった（慶應義塾大学東アジア研究
所・現代中国研究センター2017年度国際シンポジウム「非日常的な時代における日常生
活〜毛沢東時代への民間史料からのアプローチ」基調報告）。村落檔案史料をそのよ
うなマクロな史料と合わせて使用することで、この時期のより正確な状況を把
握することを可能とする。ただし、これらの史料が何処に収蔵されているのか、
外国人である日本人の利用・閲覧は可能なのかどうか、等についてはまだ充分
に明らかにはなっていない観がある。研究者個人として史料を収集して、研究
成果を上げている事例もあれば、組織的に収集してデジタル化して公開してい
るものもある。

　このようにこの10年余りの時間の中で新に形成されてきた研究環境や新たな
る史料の出版や公開は、研究の進展に多大なメリットをもたらしている。また
技術の進歩により史料へのアクセスは以前と比較して、より一層オープンな方
向に向かっていると言えよう。そして人民共和国の研究者等の研究成果が深ま
り、数多世に送り出される中で、日本で研究する意味をしっかりと確かめつつ、
研究を進めていく必要があろう。

コラム[1]　学会で報告する

　学会で報告する機会があった場合は、どのような準備をしたらよいのだろうか。

　学会での口頭報告は、自己の研究の成果を、研究者の世界に示す重要な機会である。むろん、将来的にはその内容を文章化して論文として発表することになることも多い。口頭報告では、その前段階において、自分の研究について正規・公開の場で話し、専門的な教示、または広い視点からの意見を仰ぐことになる。なお、その学会に参加しない人にも、報告題目などが知られる可能性もあることから、研究者としての自己の存在を明らかにする好機と言えるだろう。

　おもに理科系の分野では「ポスター」という学会参加の方法があるようだが、私は「ポスター」を作った経験がないので、ここでは口頭報告のみ念頭において議論したい。

　学会報告で、最も大切なことは時間配分である。自分の報告に与えられた時間は、かならず限られている。30分ほどの比較的短時間で話すことを求められることが普通である。学会の雰囲気または司会の人柄によって、その要請がどれほど厳密に守られるかは一様ではないが、やはり、制限時間を大いに超えて話しつづけるのは、聴衆（そして後に続く報告者）にとって迷惑と言えるだろう。報告者に

遠慮して時間超過でも話しつづけさせる優しい（?）司会は、よい司会ではない（これは自己反省と言うべきかもしれない）。

　いっぽうで、与えられた時間を何分も余して報告を終えるのも好ましくない。準備の段階では、制限時間をふまえて、話す分量を考慮しておくことが必要である。原稿をつくってそれを読み上げる人は、自分にとって一分の時間がどれほどの原稿量にあたるのか、経験的に知ることもできるだろう。私のように、学会報告のために原稿を作ったことがないとすれば、報告しながら時間を調整してゆくことが必要になる。

　報告のしかたは、Power Point を利用する場合もあれば、紙の資料を配付することもあるだろう。その選択は、その学会のならわしと会場の設備、報告者の技量・好みによる。

　大切なのは、聞き取りやすい言葉で話すことである。原稿を読み上げる方式のばあい、その場で安心して報告できるだろうが、自分の眼が聴衆のほうへ向きにくくなるという問題だけでなく、聞き取りにくい難しい言葉を使ってしまったり、話すのが早くなったりする危険性がある。なによりも聴衆が聞き取れる報告でなくてはならない。その意味で、報告が雄弁

である必要はあまりない。私のこれまでの印象では、ぺらぺらと調子よい口調よりも、訥々とした語り口のほうが、確かな事実を語っているという印象を与える場合すらある。

いずれにしても自信を持って話すのが基本姿勢だろう（自信を持てないことを学会で話すべきではない。これも自戒としたい）。

学会報告の内容・主張は、当然のことながら、明快なものであるべきだ。文章に書いてわかりやすいことと口頭で話してわかりやすいことは、必ずしも同じではない。起承転結とまでゆかなくとも、話の焦点と筋道をはっきりさせることが大切である。文章では、複雑な事象を議論することも可能かもしれないが、口頭報告では、すっきりした結論が特段に求められると言える。

自分がすでに書いた学位論文など、または書きつつある論文を材料として学会報告を行なうことは、多いだろう。ただし、以上から示唆されるように、論文の形での表現と口頭報告とは異なる点がある。もちろん、明晰な分析、はっきりした結論は、書かれた論文でも望ましいことであるが、くわえて複雑で微妙な議論を展開する余地もある。これに対して、時間の限られた口頭報告では、そのような余地はあまり無いと考えて、とにかく話の筋を整理することを優先すべきだ。

報告内容を話し終えたところで、質疑応答が続くのが普通となっている。学会の参加者は多様であろうから、すべて適切な質問とは限らない。

そもそも、どれほど明快な報告であっても、はじめて聴いた内容を完全に理解できるかどうか、難しいとも言える。もしも質問が暴言の類ならば、司会者が断固たる態度で対処すべきだが、それは例外的な事態である。たいていの場合、報告者は聴衆の無理解をあまり嘆くべきではない。応答を通じて、自分の主張を落ち着いてさらに明示するのがよい。「質問者が理解力を欠くのでまったく困る」というかのような態度を報告者がとるのは、見苦しい。

以上は、海外で報告する場合でも、基本的に同じことであろう。中国・台湾や英語圏では、概して、論文（full paper）を事前に提出することが求められる。しかし、報告時間は、非常に限られているから（15〜20分のことも多い）、口頭報告は、その論文の主張を簡単にまとめて話すということになる。私のように外国語を得意としない者の場合、その主張は、いっそう単純明快であることが必要になってくる。

正規の学会報告と異なり、各種研究会での報告は、時間制限が緩く、比較的長い時間をとって、しかも研究分野の近い人のあいだで議論を進めることができる。自分の研究を創りあげる過程として専門分野をしぼった研究会での発表と討論は重要である。これに対して、時間の限られた学会報告は、自分の研究にとって最も重要な主張は何か、つきつめて考えさせてくれる機会と言えそうである。

（吉澤誠一郎）

第 2 章　先行研究と向き合う

吉 澤 誠 一 郎

はじめに

　論文を書く際の助言として、「まず研究史を把握しなさい」という言葉を、よく耳にする。一般的にいって、論文とは新しい発見を記すものだから、既に明らかにされていることの繰り返しを避ける必要がある。ということは、何が既に明らかにされているかを把握しなければ、論文は書けないことになる。

　このように個人の創見を尊ぶ学問のありかたは、近代アカデミズムの特徴である。明末清初の顧炎武は「明という時代の人が著した書物は、すべて他人のものを盗んできたものである」（『日知録』巻十八「窃書」）と指摘した。新しい見解の提出こそが価値あるものだという発想は、明代にはあまり無かったかもしれない。

　とはいえ、上の文章からわかるように、顧炎武は、そのような明の学者の態度に批判的だった。彼は、『日知録』の序文（厳密には目次の冒頭）では、「私は若年から、本を読んで何か得るところがあったら、そのたびに書き留めた。適当でないものがあれば、おりにふれて訂正を加えた。もし古人が自分より先に指摘していたら、それを削除した」と自著のなりたちを説明している。これを引用し、近代の学術の理念に照らして評価したのが、梁啓超である（『清代学術概論』四）。

　実は、清代の考証学にしても、学者どうしで新しい発見を競うという性格を持っていた。とすれば、独創性を尊ぶ学問観は、必ずしも近代アカデミズムに限られるわけではない。しかし、近代アカデミズムの中では、異論なく認められる基本原則にまでなったと言えるだろう。そして、古人が自分より先に指摘しているかどうかの確認は、研究史を掌握したうえで、はじめて可能になる。

　実は、「研究史を把握しなさい」という忠告者は、上に述べたようなことだけを意図しているわけではない。とはいえ、そもそも研究史の理解とは何を意

味するのかきちんと説明するのは、なかなか難しい。また、どんなに先行研究
に精通しても、それだけでよい論文が書けるわけでもないことは、すべての研
究者が知っているから、ついつい、この件には深入りしないで済ませてしまう
ことになりがちである。

　本章では、このような研究史の掌握について、一応の説明を与えてみること
をめざす。また、研究の把握に関連して、学術雑誌での書評についての慣行と
作法についても、考えを述べることにしたい。

1　研究史の掌握

　研究史の把握とは、まず何よりも、先人の研究とどのように向き合い、自分
の研究をつくりあげるべきかという心構えに関係している。

　そもそも、中国近現代史研究について、自分の研究テーマに関連するあらゆ
る先行研究を集めて読破するということが、現実に可能かどうかわからない。
理念的には、そうすべきだとは言えるが、おそらくは完璧にそれを実行するこ
とはできないだろう。それは、検索の限界や言語の壁（例えば、私はドイツ語が
読めないので、ドイツ語で書かれた論文を十分に掌握することはできない）といった
ことや、また現代史の論文は数が多すぎるといったことだけの問題ではない。

　むしろ、ここで強調したいのは、或る歴史的な事象を理解しようとするとき、
どのような事柄が関連するのかということ自体が、ほぼ無限の広がりをもって
いるという点である。例えば、1947年ごろの中国国民党と中国共産党の抗争に
ついて考えてみたい場合、関連しうる問題としては、むろん両党の政策と当時
の中国の政治情勢があるが、しかし、国際情勢、例えばトルーマン政権やスタ
ーリン政権についても相当の理解が必要だろう。当時の中国で極度のインフレ
ーションが起こったことはよく知られているが、その経済的な背景について深く
知るためには、さらに多くの文献が必読となろう。もしかすると、この頃の気
象条件や軍事技術も、戦局の大勢に影響しているかもしれない。そのほかにも、
今の私には全く思いもよらない要因が、実は1947年の中国情勢を深く規定して
いた可能性は大いにある。

　逆にいうと、新しい観点から或る歴史的事象を扱おうとするとき、自然なな
りゆきとして、先人とは異なる自分なりの研究史把握というものが必要とされ

ることになる。

　以上のように考えるならば、関連するあらゆる先行研究をすべて読破するということは、本来的に不可能であることがわかる。しかし、だからといって、開き直ってしまうのではなく、なるべく多くの先行研究に触れ、問題の広がりに思いをめぐらす努力をしてゆきたいと思う。

　先行研究の把握というとき、むしろ最も大切なのは、これまでの研究者が発した問いと自分の研究動機との関係を自覚することである。この点については、すでに的確な提言があるので（田中1974。藤谷2005。また岡本・吉澤編2012の諸論文）、繰り返しになるかもしれないが、私なりの言葉で少し述べておきたい。

　学問研究は、すでに明らかになった事柄をふまえ、それを乗りこえようとして進めるものである。つまり先行研究の把握とは、まず先人の到達点を確認するということである。しかし、先人の研究それ自体も歴史的存在だから、その研究がなされた時点の時代性を強く帯びているし、利用可能な史料についても今日にくらべ制約されていたであろう。このことを存在被拘束性などという人もいる。要するに、研究する者は、自らの時代と立場を越えて意義のある成果をめざすとはいえ、実際には、その研究がなされる状況の影響を免れるはずはない。

　だとすれば、自分なりの観点・問題意識と、先人のそれとを対峙させることは、自分の立脚点を明確にすることにつながる。そして、先人の研究がその時代の状況に制約されているとすれば、自分の研究もまさに現在の時代状況のなかでこそなされているということに思いいたる。この自覚を通じて、自分の研究の位置づけをはっきりさせ、また、現在という時代の制約のなかで、できるかぎり、それを越えて客観的で普遍性をもった（つまり、後世にも通用する）研究を行なう可能性が開けるだろう。いってみれば、先行研究を踏み台にしてさらに高いところをめざすというだけでなく、先人の胸をかりて自分を鍛えることもできるのである。

　ともすれば、最新の動向への関心が先立つのは、人情の常かもしれない。しかし、古い研究だからといって無価値になってしまったと決めつけるのは早計であろう。だいぶ昔の業績で、その後あまり参照されなくなってきたけれども、自分にとっては有益ということは、大いにありうる。このように、研究史を自分なりに再評価してゆくことも大切な作業である。

　なお、かつてのマルクス主義的な枠組みに沿った論文などは、もし唯物史観について全く触れたことがなければ、意味不明の概念が頻出する印象を与えるだろう。特に、一昔前の中国大陸の論文を読む場合、多少、中国共産党の公式史観の言葉が入っていると、すぐ「これは、マルクス主義的な議論の枠組みにとらわれている」と即断してしまうことはないだろうか。それは、非常に安易な態度であると言える。実のところ、マルクス主義用語を「免罪符」として使っておくけれども、真意は全く別という論文もある。そのような深い読解ができる能力が求められる。

　戦後日本の中国史研究にしても、巨視的にはマルクス主義の大きな影響のもとにあった。しかし、それは必ずしも中国政府の公式史観の機械的受容ではなかったことは、あえて強調しておきたい。マルクス主義的な歴史解釈とひとくちに言っても、実は大きな多様性があった。経済構造の発展法則を重視する観点と人民闘争こそが歴史の流れを推進することを強調する観点とは、決してぴったりと整合するわけではない（このような違いは、日本ではプロレタリア文化大革命の見方をめぐる深刻な論争などとも関係しているかもしれない）。さらに言えば、大塚久雄のように、マルクスの理論とマックス・ヴェーバー M. Weber の理論を結びつける試みもあり、日本の学者の関心の所在は、中国での社会経済史研究とは異なる点があった。ただし、周知のとおり、ヴェーバー自身はマルクス主義には批判的な立場をとっていたことから、大塚史学は奇妙で独創的な理論展開と見てよい。

　マルクス主義といえば、ソ連史学に由来する世界史の発展法則を思い浮かべがちだが、「ザスーリチの手紙への回答」（大内編1973）に示されるように、マルクスの態度は複雑なものだった。これは19世紀ロシア農村を題材に、社会発展の法則性はどこまで普遍的なのかについて議論したものである。ロシアの革命運動家ザスーリチ В. И. Засулич が、マルクスに対して、ロシアの村落共同体の歴史的性格について質問したところ、マルクスは『資本論』の分析は西ヨーロッパ諸国に限定されたものだと答えた。このやり取りは、ロシアの革命家にとって自国の社会的特徴を理論的にどのように位置づけるのかが切実な問題であったこと、そしてマルクスは、社会発展の法則を全世界に等しく適用できるものとは考えず、留保をつけていたことを示しているのである。

　また、資本主義は世界全体を覆ってゆき構造化していくというグローバル化

の観点は、ウォーラーステイン I. Wallerstein 説の流行にはるか先だってマルクスから示唆を得た日本の研究者も考えはじめていたことであり（田中1973）、これも世界史の基本法則の単純な適用とは異なる。かりに今日そのまま利用できなくなっているとしても、それら多様な試行錯誤は、たいへん興味ぶかいものだと私は思う。

　研究の動機づけに話を戻すと、むろん、今日の関心から積極的に新しい問いをたててゆくことは、不可欠である。その際に、「この問題については、誰も研究していないから自分が論じてみる」という言い方が少し気になることがある。この場合は、「これまでの研究者が、その問題を論じなかったのはなぜか」という点にまで踏み込んで考えてみることを、勧めたい。これまで注目されなかったとすれば、先人の問題意識からして、あまり意義のあるテーマと見なされなかったという可能性がある。にもかかわらず、自分は意義を認めるからこそ論じようとしているはずだから、きちんと先人と自分の観点の相違を説明すればよい。

　たしかに、先人の研究にひきずられて、自分なりの接近法が陳腐化することは、よろしくない。しかし、一方で、自分の考えは独創的だとの思いこみは、先行研究の把握にあたっても、なるべく自分と異なる（自分より劣った）論述になっているように読み込もうとする危険性をもたらすことに用心したい。細かいところでは違う表現をしているけれども、実質的にはだいたい同じ指摘をしている先行研究に対して、失礼な態度ではないかと思わせる事例も、ときに見られる。

　まして、先人に対して、「これこれの史料を用いていないから無価値だ」などと発言することは、厳に慎むべきであろう。かりに、かつては史料が無くて研究できなかったとしても、「それではなぜ、いま自分が考察しようとしているのか」ということは、別途、説明を要する。概して近現代史研究において、誰も読んでいない史料は無数にあると言える。なぜ、それを選んで論じようとするのか。その選択の意図がわかるように論述することが必要であろう。

　これに関連していえば、雑誌の投稿論文の審査などをしていると、たまたまどこかで見つけた史料に即して、その目新しさのみを自負して論文を書こうとする傾きが見えるのは、やや困ったことと感じる。また、アメリカの書物なども、平凡な史料を引くのに（ごく普通の本に収録されているのに）、わざわざ自分

が見た「新しい文書史料」（new archival sources）によって注記することがある。中国でも似た傾向があるらしく、それについて厳しい批判もなされている（桑2004、2頁）。

　むろん、新しい史料から新しい視角が生まれることは十分にありうる。特に文書館で自分の研究に関係する史料の全体像を把握することは、研究の前提として不可欠でもある。だが、歴史の研究は、文書館での宝探しではない。新しい史料を利用するといっても、既存の研究蓄積を理解していなければ、全く独りよがりの議論になる可能性が大きい。新しい論点を提示できる史料かどうか鑑別する能力は、研究史への深い理解によって養われるからである。

　さて、具体的な作業として、先行研究をどのように検索するか、研究動向をどのようにつかむかということは、ひとつの不可欠な技術である。原則論としては、個々の問題関心に即して、読むべきものも多様であろうから、有効な検索の手法も一概に説明できない。

　書物との出会いには、いくら検索手段が発達しても、依然として偶然的な機会の果たす役割が無くなるとは思えない。図書館で、たまたま見かけた書物に興味をひかれる経験は誰にもあるはずだ。書店の店頭は、新刊書の存在を知る場としてやはり重要といえる。

　今日では、インターネットの普及によって、文献検索は飛躍的に容易になったが、それだけに多くの論文を探しあててしまい、読むのに一苦労ということにもなる。また、とりわけ中国での書物の刊行と論文の発表が非常に増えているので、それを掌握するのは、ますます大変である。

　とはいえ、一方では、やはり中国近現代史を学ぶというとき、ある程度は共通に読んでおくべき書籍というのはあるだろうと私は思っている。大学院生の時期は、個別テーマの論文を書くだけでも容易ではないが、他方で、前に述べたように、先人がどのようなことに関心を持ってきたかということを知らずに済ますことはできない。また、歴史学の総合的な本性からして、思想史専攻だからといって、経済史の書物は全く読んだことがないというのでは、やはり問題があるように感じる。その意味で、各分野について基本的な書物を紹介した工具書は、たいへん有難い（礪波・岸本・杉山編2006。岡本編2013）。

　かりに最大限の努力はするにしても、現実には、限られた書物しか読む時間がない。そのために有益なのは、様々な学会や研究会での耳学問である。近年

は、学会に行っても「この報告は自分の関心をひくから聴くが、それが終われば無意味だから退席する」という話をよく耳にする。現に、ある歴史学関係の大きな学会では、例えば日本史の報告が終わると、日本史の専門家の方々であろうか、すぐ退出するのを見かけることがある。実のところ、自分にとって知らない領域の話を聴くことは、容易に視野を広げることのできる貴重な機会である（もちろん、そのときの主催者と報告者の力量にもよるが）。

　また、雑誌に載せられる書評もたいへん意味がある。例えば『社会経済史学』という雑誌は、非常に書評に力を入れており、毎号、多くの書物が紹介されている。私は、日本経済史・西洋経済史の専門書をほとんど読む時間がないから、『社会経済史学』の書評欄はとても貴重である（書評については、第 3 節で詳しく述べたい）。

　最後に、留学との関係を示唆しておきたい。留学しようと志すとき、たいてい研究計画を記して提出する機会があるだろう。その際、往々にして、目的として史料収集を第一に挙げてしまう事例は少なくない。確かに、じっくりと原史料に取り組むのは、留学の意義として重要なものである。しかし、それだけならば原理的には短期滞在を繰り返しても同じことであろう。

　これに関係するエピソードがある。留学を準備する大学院生に対して、島田虔次教授が諭した言葉は「むこうで新しい資料を探すことよりも、中国で、中国の先生について学ぶということが一番大切です」というものだったという（岩井 2005、520頁）。おそらく、留学のもつ意義の一つは、これまで学んできた学問的文脈をいったん離れて、留学先で、その国の学問を支える多くの要素に直面することではないだろうか。留学にあたっては、学問が本来的にもつ普遍性の要請と、それが生み出される文脈の規定性という、先述のような緊張を実感せずに済ませることはできない。中国だけではなく、台湾や欧米であっても、それぞれの学問のありかたは、独特の社会的背景に規定されていると私は思う。そのような経験を通じて、先人の研究の背後にある問題意識と制約をいっそう明確に理解できるようになるのである。

2　いくつかの例

　ここで、先行研究に対する、自分なりの問題意識のもちかたの例として、私

自身の場合を少し分析してみたい。模範的・理想的な例ではないかもしれないが、他の研究者について同様の議論をすることがなかなか難しいので（つまり誤解にもとづく非礼を避ける自信がないので）、このような形をとりたい。

　まず、私が卒業論文（1991年1月提出）の半分ほどを改稿して1992年に発表した「光緒末、天津における巡警創設と行政の変容」（改稿のうえ、吉澤2002に収録）という論文をとりあげる。これは、義和団の戦乱ののち、袁世凱の改革政策の拠点となった天津において、主に日本の制度を意識して導入された巡警（新式警察）制度を扱ったものである。さらに、その後に考えたことに基づいて書き改め、自分の著書に収録した。それゆえ、どの時点で、どのような先行研究を意識していたのか、今となっては記憶が入り交じって厳密に区別できないところもあるが、なるべくうまくまとめてみたい。

　このテーマを選ぶ過程での偶然的要因や漠然とした関心については、本章の趣旨とずれるので、あえて議論しない。何を論文のテーマとして取り上げるかという思いつきは、必ずしも先行研究のみから導かれるものではないと私は考えているからである。ただし、論文をまとめ自分の主張を明確にしようとするときには、先行研究を念頭に置くことになってゆくのだから、そのことを少し書いてみたい。

　当時（1980年代末まで）の日本での研究動向はといえば、それまでの革命中心史観を乗りこえる動きが本格化していた。辛亥革命に至る清末時期の研究でいえば、革命運動史を中心とする議論を相対化すべく、「新政」とよばれる清朝の改革の展開や、各地の地元有力者による地方自治に注目する観点が有力となってきていた（この方面の良質な成果は、横山1985である）。袁世凱についても、それまでの保守・反動という見方を批判し、その政策が近代化に果たした役割を再評価しようという見解が出てきていた（貴志1987）。中国でも、少しずつ同様の傾向が見られた。

　私も、確かにこのような動向から大きな影響を受けていたと思われる。しかし、「新政」の一環としての巡警制度導入についての私の研究は、結果としては、それらとはずいぶん異なる議論となっていった。

　まず、袁世凱による巡警導入は、あきらかに外国の都市統治のありかたを意識的に模倣したものであり、「近代化」ということはできるとは考えたが、しかし、そのような新しい秩序は、特に下層の都市民を厳しく統制するものであ

り、支配の強化にほかならないという結論にならざるをえなかった。当時、日本でみられた中国の「近代化」論は、経済発展と民主主義の展開を指標とするものであり、統制された都市秩序の形成ということは含まれていなかった。

　このような事情から、何を「近代的」とするかという点で私は混乱してしまったので、論文をまとめるにあたっては、統制の強化という流れを指摘するにとどまったと言える。

　あとから考えれば、当時の多くの研究者が自分からみて「好ましい」と思われる変化を選び出して「近代化」と見なしていたのが大きな問題であった。何が「好ましい」変化なのかという評価の仕方そのものは、論者の価値観の反映である。個々人が持つ価値観は尊重すべきだが、しかし、現実の歴史がその価値観を実現させる方向へと進んできたとは限らない。

　20世紀初頭の中国にとっては、当時の世界標準とされた統治・管理の方式を導入することが大きな課題となっていた。むしろ、このようなグローバルな斉一化こそを「近代的」な現象としてとらえ、そのような秩序が権力性をはらんでいると考えればよかったのである。

　上のような「近代化」をめぐる概念の混乱は、つきつめると、「近代化」の中身を具体的に定義するやりかたを放棄すべきだという結論に至るが、それはずっと後になって博士論文をまとめた頃のことである。そういう見方からすると、全世界で類似した要素が増えていく趨勢こそが「近代化」なのかもしれない。しかし、それはあくまで部分的な類似が様々に見いだせるだけであって、ひとつの明確な指標を共有するわけではない。ちょうど、家族のメンバーの容姿に似ているところがあるとしても、すべてにメンバーに共有される一つの要素を挙げることは難しいようなものである（ウィトゲンシュタイン L. Wittgenstein のいう「家族的類似」）。

　ともあれ、袁世凱の行政改革が、民衆に対して抑圧的だったとすれば、保守・反動のせいなどではなく、「近代的」な統治をめざしたからなのであるということは、なんとか当初の論文で示唆することができた。特に袁世凱にとっての課題は義和団の再発を抑止することであり、これは、義和団を迷信じみた存在として厳しく批判する都市の商紳層の立場とも共通していたのである。

　また、官の統治を強めていく巡警という統治機構に着目したことは、地方自治の進展を辛亥革命の歴史的前提として重視する研究者たちの視点とは異なる

側面を指摘することにもつながった。その後、民国初年の都市において、巡警機構が都市行政の中核となったのは、天津だけでなく、多くの都市において共通していたことを知ったので、この結論には、今では一定の自信をもつことができる（王1994。Wakeman 1995。Wang 2003。なお Strand 1989は拙稿作成時にすでに参照できた）。

　大きな枠組みでいえば、当時の主要な研究潮流は、清朝最末期の改革にも近代国家形成の努力を認め、これと複雑な関係をもった地域の有力者の動きに注目するというものであった。しかし、これは、義和団事件後の清朝が余儀なく新しい統治機構を編成しなければならなかったという課題に対応するものでもあった。すなわち、その「近代化」とは、グローバルな支配秩序を受け入れるなかで進められたのであり、辛亥革命のしばらく前に各地で頻発した民衆暴動とは、まさに、このような意味での「近代化」に対する抵抗という側面をもっている（Prazniak 1999）。他方で、私の理解は、人民闘争こそが歴史を進歩させるという立場とも、相容れない。改革を進めようとしたのは、清朝と各地の有力者であったことを、認めるからである。

　当時は自分でそれほど自覚できていなかったが、1980年代当時の私が不満を感じていたのは、清朝の改革を高く評価しようとする観点が、何となく鄧小平の「改革開放」路線への肯定を暗示していたという事情もあった。特に中国の学界において、革命一辺倒から改革者に対する評価に重点が移ったのは、あきらかに「改革開放」のイデオロギーが関係していたと言えるだろう。「改革開放」路線には、グローバルな政治・経済構造と中国の国家権力の（微妙なかけひきを含んだ）結託、大衆の直接行動の否定、社会的不公正の是認（貧富の格差の拡大など）といった要素があり、まさに、それは1960年代後半に頂点をむかえる毛沢東路線のうらがえしとも思われたからである。

　さて、その後、私はやや別の研究動向を意識せざるをえないことになった。ハーバマス J. Habermas の『公共性の構造転換』の英語訳が刊行された1989年頃、おもに米国では中国近代都市に市民的な公共性が見られるかどうかという議論が盛んになり、中国と日本でも賛否両論が展開した（関連文献は非常に多い。吉澤2002、1〜35頁を参照）。その公共性論とは、官と区別された民間の自治的な活動を市民社会の形成とみなせるかどうかという問いとつながっていた。このような「地域エリート」の権力増大を辛亥革命の前提とみなす議論もあっ

た。中国語の「公」は、public と読み替えられた。

　1996年に発表した私の「電車と公憤——辛亥革命前夜天津の市内交通をめぐ
る政治」（改稿のうえ、吉澤2002に収録）は、このような新動向を意識しながら、
基本的にはそれに反対したものだった。まず、20世紀初頭の天津では、むしろ
巡警に示されるような官権力の卓越がみられるのであって、民間の自治空間の
みが拡大したとは言えない（私見では、外国人の役割の大きい上海などを例外とし
て、ほとんどの大きな都市では似た動向だった）。また、「公」についても、市民が
理性に基づいて相互に討論するようなイメージというより、むしろ、民衆の直
接行動を「公憤」の表れとみなすように、多数の情動の正しさという発想と結
びついていると考えたのである。自らの立場を「公」と自己主張する人々は相
互に衝突しやすく、それこそが、民国初年の騒々しい都市の様相をもたらした
ものと思われた。

　このような結論は、確かにハーバマスの議論の適用という流行に反対してい
るのだが、一方で、中国都市の公共性をめぐる活発な討論があったからこそ、
出てきたものである。その意味では、当時最新の動向に恩恵をうけ、また制約
されてもいたことは、まちがいない。

　さらにいえば、この論文は、自分のそれまでの見方に対しても、一定の見直
しを迫るという側面も持っていた。外資による電車敷設問題において、天津の
多数住民が抱いていた反感は募り、結局、ある警官が電車にひかれた事件をきっ
かけとして、電車を破壊する暴動に至る。ここでは、巡警組織は、横暴な外国
資本の活動と対抗するという姿勢をとることで、広く人気を博すこともできた。
この指摘を通じて、自分のかつての研究で示した巡警理解の一面性を修正しな
がら理解を深めることが可能となったのである。

　以上、あまりすっきりしない説明になってしまったが、先行研究、特に比較
的意識しやすい直近の研究動向が、自分の研究に対して持つ関係は複雑である
ことは示せたと思う。いずれにしても、自分の研究をいかに位置づけるかとい
う局面で、先行研究との格闘が大きな意味をもっていることは、疑いない。

　なお、ときには自分の研究テーマが今現在の現象とも通底していると実感す
ることがある。昨今の中国都市社会の変化が、警察権力による社会の掌握とい
う方向に向かっていると考えるならば、その起点となったのは、まさに1902年
天津における巡警創設に求められるという見方も可能かもしれない。しかし、

歴史研究の意義は、現実との照応という点だけにあるわけではない。例えば、実際には挫折してしまったが確かに過去には存在していた別個の歴史上の選択肢に光を当ててみるのも、また研究のおもしろさであろう。

3　書評の作法

　書評欄は、たいていの学術雑誌に設けられている。多くの雑誌では、新しい書物が出版されると編集委員会が書評すべきかどうか判断し、適切な評者を捜して依頼を行なうことになる。雑誌ごとに、どのような書物をとりあげるかについて、慣行のようなものがあるかもしれない。

　私がかつて『史学雑誌』の編集委員をつとめていた頃の経験でいうと、自分の著書を書評してほしいという希望は（潜在的に）多いが、書評を担当したいと思っている人は少ない。依頼しても、お断りをいただく場合は、非常にしばしばである。断りの理由としては、もちろん忙しくて全く執筆の余裕がない場合もあるだろうが、雑誌の編集委員ほどその本を評価していない（つまり評するに値しないと考えている）場合もある。また、後に述べるように、書評はなかなか神経を使う仕事でもあるから、それを避けたいという考えがあっても不思議ではない。また、依頼側にとっては困ることだが、いったん書評を引き受けていただいたのに、なかなか原稿の提出を受けられないままになってしまう事例もある。

　雑誌読者の素朴な疑問として、ある雑誌が、なぜこの本を書評に取り上げたのに、別のあの本は取り上げないのかという思いがあるかもしれない。その裏事情としては、書評の依頼がうまくゆかなかったり、原稿をいただけなかったりした場合が多いのである。これは、むろん編集委員の力量ということも関係するが、微妙な偶然に由来することもある。例えば、別の雑誌と同じ人物に同じ本の書評を依頼してしまったりして（これは当然かなり起こりやすい）、断られ、時期を逸してしまうことがある。また、書評を引き受けた人が、何かの事情でとても書けない状況になって時日が過ぎてしまう場合もあるだろう。

　とはいえ、そのような困難にめげず、よい書評を書ける執筆者を探して原稿を集めるのは、編集側の任務である。現在は長期的な出版不況であるとはいえ、研究書の刊行は必ずしも少なくない。前に述べたように、やや専門分野を離れ

た研究書については、だいたいの内容を把握するのに、書評は相当便利である。また、或る研究書の評価については、なるべく複数の雑誌において、異なる観点からの論評がなされるのが望ましいと言えるだろう。研究成果について自律的に適切な評価を行なえる力量が学界に求められていると、私は思う。

　書評を書く場合に、まず念頭に置かなくてはならないのは、その書物をまだ読んでいない（書評の載る雑誌の）読者のことである。なるべくなら未読の人に興味をいだかせ、その本を読みたいという気持ちにさせるような書評が、最もよい。また、かりに、その本を読む時間のない人にも、簡要かつ的確な情報を伝達できると、なおよい。逆に言うと、何ら良いところがない（無視すべき）と判断する書物については、書評を担当すべきではないように思われる（ただし、駄目な本を駄目と評することが大切だという意見もあり得る）。

　書評を書こうとするときには、ついつい、その本の著者を強く意識してしまうかもしれないが、それは書評を読みにくいものにしてしまう原因となりかねない。まずは、その本の意義を未読の人にむけて説明する姿勢が大切である。

　内容としては、通例では、その本の主な主張や特徴的な手法・史料などについての紹介を前半に、また評者の自分なりの観点からの論評を後半におくことが多い。もちろん、内容を紹介しつつ、そのつど批評を加えるという書き方もありうるが、その本の主張と評者の議論が交錯する場合、かなり巧みに記さないと、難解なものとなるおそれもある。その本の著者の主張と書評する側の論評とが、明確に判別できるようなまとめ方が不可欠と言える。

　内容紹介と論評との比重については、むろん本の性格や評者の観点によって様々でありうるが、バランスが大切である。内容紹介についていえば、過度に詳細にならないようにするとよい。まじめに要約しようとすると、どうしても内容紹介の部分が長くなってしまいがちだが、多数の固有名詞や複雑な説明が連なった文章は、その本を未読の人にとっては煩瑣であり、既読の人にとっては蛇足に近い。また、その本で主なテーマとされる事柄について、書評冒頭でごく簡単な用語解説を行なうなど、専門分野がやや離れた人にもなるべく読みやすい工夫をこらすことも試みたい。

　論評の部分では、当然ながら、冷静で説得力ある筆致が望ましい。鋭い批判を行なうにしても、なぜそう批判するのか、第三者からみて理解可能な書き方をしなくては、批評たりえない。繰り返しになるが、書評は、その本の著者に

向けた公開書簡ではなく、なるべく広い読者に対して、自己の観点からの紹介と論評を示した文章である。

　肝心なのは、これまでの研究史の流れの中で、その書物の意義は何かという点について、評者なりの理解を示すことである。先に述べたように、研究史の流れの理解は、おおまかに言えば多くの研究者のあいだで一致していても、実は論者ごとに相当の多様性がある。なるべく客観的な評価を示す努力をしたうえで、自分の研究をふまえつつ、論評するならば、説得力が高まるし、その書評を読んだ人にとって有益であろう。

　私個人のばあい、書評を読む最大の楽しみは、このような大きな観点の衝突を見いだすことにある（自分の本に対する書評については、そこまで余裕はないかもしれないが）。書評では、もちろん、細かい誤りや不備を具体的に指摘することも意義があるが、その分野を研究していない多くの書評読者にとっては、あまり興味ぶかい話ではないだろう。ここからもわかるように、よい書評が書けるかどうかは、まさにその評者の学問的力量を反映するということが確かに言える。

　その本の内容と、具体的な研究テーマがどのぐらい近い人が書評を担当するのかということにも留意したい。テーマが近い人が論評するのが最も適切のように思えるかもしれないが、実はそれは一概に言えない。研究課題が比較的近い場合には、どうしても、その限られた領域の議論に局限されやすいおそれがあるからである。理想をいえば、ある一冊の本について、一方では、近い分野を研究している人からのやや細かい論点にわたる書評と、他方では、例えば同じ中国現代史の研究者であっても具体的な実証作業は別のことを行なっている人からの巨視的な書評との双方があると、すばらしいと思う。

　なお、これとあわせて触れて置きたいのが、学界動向をまとめて論評を付した文章である（英語では review article などと称する）。これは、さまざまな形式があり得るが、関係するいくつもの著書・論文を紹介しつつ研究の現状と課題について論じたものである。これは、その執筆者なりの研究動向の理解を示すものである。個々の研究者が自分の研究のために研究史を整理する作業と、ぴったりとは一致しないかもしれないが、多くの場合には、その執筆者の観点が強く表現されることになる。自分が関心をもちながら個別の論文の読破までは困難な分野について、その動向を把握するのに有用と思われる。このようなジャ

ンルの文章はまだ多くはないが、中国近現代史研究の成果をなるべく広く提示する方法として、今後は発展させるべきだろう。

やや類似したものとしては、『史学雑誌』の毎年 5 号に掲載される「回顧と展望」がある。これは、前年の主に日本で刊行された研究成果を対象として、分野ごとに担当者が整理・論評を行なうものである。これについても、その担当者の個性が反映されていることに留意して読む必要がある。むろん、ほとんどの場合、個々の担当者はなるべく的確な判断を示そうと努力しているが、読者はこれを過度に権威化して反応すべきではない。

研究成果についての客観的な評価がありうるかどうか、よくわからない。過去にあまり注目されなかった論文が、新しい研究動向のなかでしばしば言及されるようになるという現象は確かにある。個々の研究成果は研究史のなかで不断に再検討・再評価されているのである。

おわりに

研究者は、自分の研究分野はマイナーだという「少数派妄想」を抱きがちである（たぶん私だけではないはずと思います）。実は、これこそが、研究者にアイデンティティを付与する重要な心理的メカニズムなのかもしれない。つまり、自分の研究テーマはかけがえのないものであるからこそ、苦労をいとわず研究しようと思うのであろう。前に指摘した、「独創性妄想」も、同じ傾向のひとつの表れと言える。

このようなことから、自分の課題にとって直接に関係しそうな先行研究は非常に少ないという錯覚を抱きがちである。しかし、よく考えれば、歴史学の場合、個別具体的な自分の研究テーマに重なる先行研究は比較的少なく、それ以外のものが圧倒的多数なので、誰もが「少数派」に過ぎないことは当然のなりゆきと言えよう。

実のところ、全く違う時代・地域を扱っていながら、なぜか似た接近法をとる論文を目にすることもある。それこそが、「少数派妄想」「独創性妄想」の「妄想」たるゆえんに気づく瞬間である。

この意味からも、先行研究と向き合うことは、自分を客観化しつつ、自分の研究を創りあげる上で、不可欠の契機と考えられるのである。

◆文献一覧

岩井茂樹『中国近世財政史の研究』京都大学学術出版会、2004

岡本隆司編『中国経済史』名古屋大学出版会、2013

岡本隆司・吉澤誠一郎編『近代中国研究入門』東京大学出版会、2012

王笛「晩清警政与社会改造――辛亥革命前地方秩序的一個変化」中華書局編輯部編『辛
　亥革命与近代中国――紀念辛亥革命八十周年国際学術討論会文集』中華書局、1994

大内力編訳『マルクス・エンゲルス農業論集』岩波書店〔岩波文庫〕、1973

貴志俊彦「「北洋新政」財政改革について」『広島大学東洋史研究報告』9号、1987

桑兵『庚子勤王与晩清政局』北京大学出版社、2004

田中正俊『中国近代経済史研究序説』東京大学出版会、1973

田中正俊「社会経済史――論文の出来るまで・一つの実験」坂野正高・田中正俊・衞藤
　瀋吉編『近代中国研究入門』東京大学出版会、1974（田中正俊『東アジア近代史の
　方法――歴史に学ぶ』名著刊行会、1999に再録）

礪波護・岸本美緒・杉山正明編『中国歴史研究入門』名古屋大学出版会、2006

藤谷浩悦「研究史の整理――その目的と作法」田中比呂志・飯島渉編『中国近現代史研
　究のスタンダード』研文出版、2005

横山英編『中国の近代化と地方政治』勁草書房、1985

吉澤誠一郎『天津の近代――清末都市における政治文化と社会統合』名古屋大学出版会、
　2002

Prazniak, Roxann. *Of Camel Kings and Other Things: Rural Rebels against Modernity in Late Imperial China*, Lanham, 1999.

Strand, David. *Rickshaw Beijing: City People and Politics in the 1920s*, Berkeley, 1989.

Wakeman, Frederic, Jr. *Policing Shanghai, 1927-1937*, Berkeley, 1995.

Wang, Di. *Street Culture in Chengdu: Public Space, Urban Commoners, and Local Politics, 1870-1930*, Stanford, 2003.

第3章　フィールドワークと
地域社会史研究

佐　藤　仁　史

はじめに

　本章は、近現代中国地域社会史研究においてどのようなフィールドワークの手法が可能であり、いかなる有効性をもたらしうるのか、また中国という具体的な調査環境においていかなる制約があるのか、そして研究者は様々な制約をどのように克服すればよいのかについて、もっぱら江南農村や浙江北部山村において筆者が行ったフィールドワークの経験に基づいて論じるものである。

　一口にフィールドワークといっても、どのようなテーマで行うのか、どの時代や地域を対象とするのかによってアプローチの仕方は多岐に渉る。以下では、民間文献や檔案などの文献やオーラルヒストリー調査を通した口碑などの広義のテキストを収集し、それらを現地において読解することを、歴史学者によるフィールドワークの最も重要な目的として話を進める。

　近10年の中国史研究の領域におけるフィールドワークをめぐる環境は急速に変化しており、それは優れた関連成果が陸続と世に問われていることにも表れている。香港や広東・福建をフィールドとした地域史研究は、現地調査を大幅に取り入れた歴史人類学的手法を用いる、いわゆる「華南学派」と呼ばれる研究者によって1990年代より進められてきた[1]。近年における中国各地域の主要大学を中心とする地域史研究の増加と深化の中で特に顕著な傾向として挙げられるのは、①様々な調査班による各種民間文献の収集・整理、出版、②フィールドスタディの活発化と研究者養成、③フィールド調査や民間文献を活用して展開した数多くのモノグラフの刊行である[2]。このことは研究基金や出版基金、奨学金の充実など高等教育全体の予算の急増と密接に関連している。かような情況が今後どうなるのかはわからないが、各地域において発見された大量の地方文書を活用した研究が輩出される傾向はしばらく継続するものと思われる。

　様々な意味での地の利を有する現地研究者による研究が進展する中で筆者が

直面しているのは、外国史研究者にとってのフィールドワークとはどうあるべきか、その有効性と限界とは何か、自らが身を置くフィールドにおいて生成されてきた諸史料の特質とは何かといった問題を考える必要性である。これらの問題群は筆者個人の問題であるのと同時に、21世紀日本の中国近現代史研究が向き合わなければならない課題でもあると思われる。

　以下、1では日本の中国研究におけるフィールドワークの系譜について概観する。2では近年の中国におけるフィールド調査環境の変化を述べる。3ではフィールドワークが近現代史研究にもたらす有用性と限界を述べる。なお本章の一部は、筆者がフィールドワークに関連して以前に著したいくつかの小文の内容と若干重複しているので併せて参照されたい。(3)

1　日本の中国研究におけるフィールドワークの系譜

　日本の中国研究におけるフィールドワークの系譜として、戦中期の華北農村における中国農村慣行調査や江南における農村調査、そして1980年代以降の歴史学者による華北・江南農村調査の成果が想起されるであろう。これらについて筆者は幾つかの紹介文を著したことがあるので、(4)　ここでは屋上屋を架すことは避け、現地協力者やインフォーマントと調査者との関係性や成果発信のあり方に着目して、調査環境がどのように変化してきたのかを概観したい。

（1）戦中期中国での農村調査

農村慣行調査と調査記録

　日本人研究者による中国農村調査の内容や特質は、戦前・戦中期大日本帝国の植民地や占領地における慣行調査の系譜に連なるものであり、こうした大状況との関連でこれらの「学術調査」が行われていたことに留意しなくてはならない。1940年〜1944年の戦中期に満鉄調査部北支経済研究所慣行班と東京大学法学部の関係者によって、河北や山東の6村落で実施された中国農村慣行調査が、「生ける法をつかまえる」ことを目的としてなされたことは、調査の性質を端的に示している。(5)

　中国農村慣行調査の過程では114輯におよぶ口述記録集が作成され、併せて大量の文献史料も収集された。(6)　これらのうち、口述記録と一部の文献史料とが

『中国農村慣行調査』（中国農村慣行調査刊行会編、1952-58年、岩波書店）として結実し、現在に至るまで日本における近現代中国農村史研究において枢要な地位を占めている。[7]

　周知の通り、河北における農村調査は農村社会の性質をめぐる論争を引き起こした。そこでの主題であった伝統中国の農村における村落共同体の有無、共同性の特質とは何かといった問題は論者によって評価が大きく分かれている。内山雅生は伝統中国における共同体の存在を認めるのに対して、プラセンジット・ドゥアラや上田信は村落共同体の存在を明確に否定する。[8]詳細については三品英憲による整理を参照されたいが、[9]中国基層社会に共同体が存在しなかったのならば、「共同性」はどのようになり立っていたのか、中華人民共和国建国後それがどのように変容したのかを解明することが現在の課題である。かような思考を可能としてきたのが口述内容のアーカイブ化であったという点は、日本の中国史研究の伝統として評価に値する。

　さて、戦時期の華中においては、中国農村慣行調査と並行して、満鉄上海事務所や東京大学法学部の研究者によって農村調査が実施された（前者は1939—1940年、後者は1939—1943年）。[10]その成果は前者については7冊の研究報告書が、後者については3冊の著書が公にされている。[11]これらは『中国農村慣行調査』と異なり問答録ではないものの、前者については農業経済史に関する貴重な情報が、[12]後者については社会史研究に関わる貴重な観察結果が含まれており、[13]改革開放期以降の調査・研究に多くの示唆をもたらしている。

現地調査をめぐる環境

　この時期における現地調査を取り巻く環境を示すエピソードとして、旗田巍によって紹介された事件が著名である。調査地の沙井村において起こった紛争を満鉄調査部調査員が解決したことによって、村人との間に「自分が占領者であることを忘れるような親しみを持つ場合があった」と旗田は回顧しているが、[14]日本軍の銃剣の下でおこなわれたという客観的な現実を看過することはできない。

　華中調査も占領地における調査という制約を免れなかった。満鉄調査部上海事務所所長として調査を統括していた伊藤武雄に依れば、治安状態の悪さから調査には現地部隊・特務班などの軍部の支援が欠かせなかった。[15]また林恵海ら

の調査にも様々な制約がつきまとった。例えば調査地の選定について、林らは当初崇明や嘉興を調査地とすることを希望していたが、最終的には蘇州城から近い楓橋鎮や孫家郷で調査を余儀なくされた。また、当時最先端の社会学的調査方法であった世帯単位に調査表による調査を試みたが、現地政府幹部の反対に遭った。⁽¹⁶⁾

　調査者と現地住民との関係には日本軍による占領以外の要素があったことにも注意しなくてはならない。例えば、常熟調査の報告書には「最初の数日間は婦女子よりも、寧ろ男子の青壮年間に我々を危険視するものが若干居た様であった」⁽¹⁷⁾と記されているが、このことは南京国民党政権期における国家と民衆との関係の反映、すなわち「壮丁」に徴用されてしまう事態を男性住民が警戒していたからであったことが容易に推測される。こうした情況にあって、林恵海らは村民たちと親近するために、保甲長や青年と食事を共にしたり、茶館で閑談したりすることで、村民の生活に溶け込むための工夫や努力をしたらしい。その結果、「あたかも隣人に対するが如き純情と親愛の裡に」調査を進行できたという。⁽¹⁸⁾華中農村調査については問答録が残されていないため、かような自負心を持って進められた調査の深度を測る手立てはないが、総じて言えば、占領地での調査であったことが、調査内容にせよ深度にせよ大きな制約となったことは否定しえないであろう。

（2）改革開放初期の農村調査

改革開放初期における農村調査と調査記録

　改革開放政策が施行されて数年間が経つと、中国への渡航もそれまでの友好訪中団以外の形式が可能となり、観光や留学への門戸も従前に比して比較的広く開放されることとなった。また、中国におけるフィールドワークの道も開かれるようになり、1980年代後半から1990年代前半にかけて、歴史学者・社会学者・地理学者を中心とした研究グループが各地で現地調査を実施した。

　日本人研究者による現地調査の実施に先立ち、戦中期に日本人研究者が行った農村調査の記録の有用性が1980年代初頭に海外の研究者によって「発見」され、活用されたことに触れなければならない。戦後日本においては、『中国農村慣行調査』をはじめとする農村調査は帝国主義的な社会調査として指弾され、現地調査のあり方のみならず、調査記録そのものを否定する雰囲気が濃厚であ

り、全面的な利用は行われていなかった。これに対して、戦争責任問題やイデオロギーから相体的に自由な思考ができたアメリカの研究者は、貴重なアーカイブとして戦時期の農村調査記録に注目したのである。[19]

この時期における日本人研究者による現地調査として代表的なものには、『中国農村慣行調査』の成果を意識的に継承しつつ、対象村落が1949年以降にいかなる変容を遂げたのかを探求した三谷孝・内山雅生らの華北農村調査[20]、義和団に関する口述や伝承などを切り口として華北や東北農村を調査した佐々木衛らによる研究[21]、歴史学者と地理学者の協業によって、江南市鎮の内発的発展の歴史的淵源を追究せんとした森正夫の江南市鎮研究[22]、伝統中国期における村落の共同性のありように迫らんとした濱島敦俊・片山剛らによる江南・珠江デルタ調査、石田浩らの華南調査などが挙げられる。

これらの調査の成果は、論文集、口述調査の問答録、口述調査の抄録というそれぞれ異なる形式で公にされた。このうち、三谷孝編『中国農村変革と家族・村落・国家——華北農村調査の記録』は詳細な問答録を収録しており、『華北農村慣行調査』や中国で刊行された檔案集とを組み合わせることによって、長いタイムスパンでの具体的村落の変容過程を微視的に分析することを可能としており有用である[23]。また、抄録という形式ではあるものの濱島敦俊・片山剛・高橋正「華中・華南デルタ農村実地調査報告書」は老農民によって語られた内容のみならず、調査の実施環境や関連する地方文献調査の状況も詳述されていることが、次世代の研究者に大いに裨益したことを記しておきたい[24]。

現地調査をめぐる環境

それでは、この時期における調査環境はどのようなものであったのであろうか。改革開放政策が実施されたとはいえ、1980年代に外国人研究者が立ち入れる地域は、農村はいうまでもなく、多くの都市も未開放の情況にあった。このような状況のもと、農村調査の成否は、カウンターパートが日本人研究者の研究背景や研究意図をいかに理解し、それを踏まえて、調査対象村落やインフォーマントについて国家、省市、県、鎮の各級政府や村民委員会と事前にどの程度すりあわせをできたのかに委ねられた[25]。

カウンターパートの尽力によって聞き取り調査の場が設定されても、聞き取り調査の現場では異なる問題も存在していた。例えば、濱島敦俊らによる江南

農村調査の場合、調査対象村落やインフォーマントの選択には各級政府の認可が必要であり、必ずしも調査者が求めるインフォーマントが招集されているとは限らなかった。また、聞き取りの場には政府関係者が必ず同行したため、インフォーマントは自由な発言を憚られたであろう。この時期には、教条主義的な政治的イデオロギーの影響が依然として濃厚であり、中国共産党が強調した階級闘争史観にそぐわないような発言はタブーであったからである。[26]

　聞き取り調査が口述記録として出版されるに至るまでには、文字起こし、不明箇所の確認、必要に応じた補充調査、文字起こしされたインタヴュー記録のインフォーマントによるチェック、公刊可能な範囲についての許諾を確認など骨の折れる地道な作業が連なっている。根気の必要なこれら一連の作業はカウンターパートの情熱に負うところが大きかったであろうし、また当時の中国の研究経費面においても容易ならざる努力が必要であったことが容易に推測される。

（3）2000年代における農村調査
無形文化遺産時代における農村調査と調査記録

　1990年代後半以降になると、グローバリゼーションの進展により海外との連絡が緊密になるに伴い、外国人による農村調査も障壁が少なくなっていった。この時期には三谷孝・内山雅生の調査は山西省へとフィールドを移し、田原史起や山本真といった研究者も活発に現地調査を行うようになった。[27]また、中国では急激な経済成長に伴って様々な文化遺産の記録・保存に対する意識が急速に高まったことも、現地調査を取り巻く重要な環境の変化として挙げなければならない。筆者は、2004年8月以来現在に至るまで、いくつかの科研プロジェクトに参加したり、自ら調査班を組織したりしながら、太湖流域農漁村などにおいてフィールドワークを進めてきたが、それらはまさに中国が無形文化遺産ブームに沸くなかで始められた調査であった。

　フィールドワークを始めるに際して抱いていた主要な問題意識とは、1980年代に中国独自の内発的発展の培養器として注目を浴びた江南の市鎮社会が清末民国期の近代化の中でいかなる変容を遂げたのか、とりわけそこに住む多様な住民たちの意識の中でいかに受け止められたのかという問題であった。当初は、江南において豊富に存在する地方檔案、新旧郷鎮志や地方紙をはじめとする地

方文献を精査することによって課題を達成できるものと考えていた。しかしながら、官や知識人たちによって「田間の小民の鄙事」と見なされた民衆の生活、農村社会に関する情報は、「迷信」として色眼鏡を通したり、秩序や文明と背馳する存在として伝えられたりしたものを除くと寥々たるものであったのが実態であった。かような状況に直面した研究班が、とりわけオーラルヒストリー調査を中心とするフィールドワークに重心を移すことになったことは奇異なことではないであろう。

　フィールドワークの手法については後に詳述することとして、共同研究の成果を論文集として発表する以外に、日本における中国学の先学に倣い、オーラルヒストリー調査の成果の一部を問答録として刊行したことが特筆すべき点である（『太湖流域社会の歴史学的研究』汲古書院、2007年、『中国農村の信仰と生活』汲古書院、2008年、『中国農村の民間藝能』汲古書院、2011年、『中国江南の漁民と水辺の暮らし』汲古書院、2018年）。現在振り返ると、筆者が参加した調査班も少なからぬ問題点を有していた。全体的に、フィールドワークの手法がオーラルヒストリー調査に偏重していた。また、語り研究の角度から見た場合、語られる情況（録音されることを含めて）が語りにもたらした影響を慎重に考慮する必要があった。上述の記録集を利用する際にも、語りが有する構築性の問題を吟味する必要性が残されている。

現地調査をめぐる環境

　先に述べた２つの時期に比して、中国経済が劇的な発展を遂げて社会の流動性が高まったのに伴い、人々の意識は大きく変化した。この時期の調査では、調査者が調査対象とする村落に直接出向き、語り手の自宅、老人活動室や村廟など村の公共空間など語り手がくつろいで語ることのできる場で、さまざまな語りに耳を傾けることができるようになった。具体的に言えば、基層レベルにおける郷村統治関係者（保長、副郷長）、集団化期の指導者（土地改革・互助組関係者）、老農民（雇農・貧農・中農・富農・地主、農村のみならず山村の人びとも含む）、老漁民（船上生活者・漁業村幹部・半農半漁の人びと）、米行（米問屋）・魚行（魚問屋）といった市鎮の商業関係者、学校教師、私塾塾師、宣巻（宝巻を説唱する民間芸能）芸人、賛神歌（儀礼に用いられる歌謡）歌手、廟会組織人、村廟管理人、巫婆など、多岐にわたるカテゴリーの人びとが含まれていることに

特徴がある。

　こうした聞き取り調査を可能としているのは、当然ながら現地の研究者の尽力に負うところが大きい。筆者が参加した2004年〜2011年の調査においても、中山大学歴史学系の呉滔教授が2002年より独自に行っていた調査で知り合った友人の関係を通して現地社会に接触した。以前の調査と異なっていたのは、インフォーマントや調査対象農漁村を必ずしも事前に絞り込んで現地に挑んだのではなく、現地での感触を確かめて様々な可能性や限界を随時討論しながら調査を進めた点である。かような方法は非効率に思われるかもしれないが、互いの認識を深めながら真の意味での友人として共に研究を進めるという意味では有意義であったと思われる。

　忘れてならないのは、多岐にわたる人々への接触が可能となっている背景に、現地研究者を通じて知り合った、在野の研究者や文芸愛好家ら「文史工作者」の協力があったことである。現地において我々が新たな問いを発見した際に、彼らの「目利き」を通して適切な知り合いを紹介してくれたことによって、聞き取り調査の幅が飛躍的に広がった。こうした現地の人々との交流は、単に史料としての口述記録の収集という限定された点に効用があったのみならず、土地勘のない外国史研究者が、様々な語り手を通して基層社会が歩んだ歴史や人間関係、地理感覚を理解するのにも大いに裨益した。加えて、個々のライフヒストリーを徹底的に聞き取ることを通じて、以前の研究では忌避されていた1949年以降から調査時期にいたるまでの基層社会の実態についても知ることができた。このように調査時点における彼らを取り巻く状況を知ることにより、同時代史から遡及的に地域史を理解する視角が調査班にもたらされることとなった。

2　近年におけるフィールド調査環境の変化

　以下では、2015年11月以降における筆者のフィールドワークの経験をもとに、中国史における現地調査を取り巻く環境の変化を概観する。

（1）中国における地域史研究の盛行
大学や研究機関における地域史研究の隆盛
　中国の学界におけるここ数年間の特徴としてあげられるのは地域史研究の隆

盛である。この背景には、各地方における歴史学研究・教育の中核を担う大学に、民間資料をはじめとする各種一次史料の収集・整理・公開を行うセンターが設立されていることが挙げられる。

　周知の通り、中国における民間文書の利用の大きな画期となったのは徽州文書の整理・公刊である。徽州文書は、1950年代には既に関係者に知られており、1980年代に入って整理が進んだ。1990年代以降には様々な史料集が続々と刊行され、中国地域史研究を大いに深化させた。また、清水江文書の発見も中国史研究における民間文書利用の前進に寄与したが、初期の段階では日本の研究者による貢献が大きかったことも忘れてはならない。

　21世紀に入ると中国各地の大学が民間文献や地方檔案などの地方文献の収集・整理を活発に進め、その成果の一部は刊行物やデータベースという形式で公開されるようになった。紙幅の関係上逐一取り上げることは出来ないが、例えば山西大学中国社会史研究中心は1992年に成立した「老舗」であり、社会史研究を推進する中で民間文書の収集・分析も進められた。特に興味深いのが集団化時期の山西農村の基層檔案である。また、1999年に成立した南開大学中国社会史研究中心も中国における社会史研究の拠点の１つであり、上述の三谷孝らによる現地調査のカウンターパートとして河北での農村調査を展開した。「南開大学中国社会史研究中心資料叢刊」を刊行する以外に、『中国社会歴史評論』をプラットフォームとして優れた学術成果の発信も行っている。また、中山大学歴史人類学研究中心（『歴史人類学学刊』を中心としてフィールド調査を導入した研究成果を発信）、華東師範大学民間記憶与地方文献研究中心（都市の歴史人類学を標榜し、口述調査や地方文献収集を実施）、復旦大学当代中国社会生活資料中心（長江流域各地の民間文書や檔案を収集・整理）、浙江大学地方歴史文書編纂与研究中心（龍泉司法檔案の整理・分析）、上海交通大学中国地方歴史文献数據庫（浙南の石倉村で発見された清代文書群のデータベース）、廈門大学民間歴史文献中心（フィールドワークで得られた福建の碑文などを整理・出版）なども顕著な成績を上げている。依然として未整理の史料も大量に存在しているようであり、今後研究者が利用可能な地方文献の量は急激に増大していくものと思われる。詳細は後述するが、地の利をもたない外国人研究者にとっては、このように発掘された史料群を研究の手がかりとすることが効率的であろう。

　地域社会史研究の隆盛や、それに伴って設置された様々な関連センターの活

動とともに、近年の中国における地域史研究の環境の変化を示しているのは、多くの大学で開催されているサマーセミナーやフィールドワーク実習である。⁽⁴⁰⁾上述の大学において大学院生を対象として実施されるサマーセミナーでは、著名な研究者による講義や選抜された大学院生による研究報告が行われていることに加え、各機関が重点的に調査しているフィールドにおける実習が組み込まれている。このような実習には、族譜、契約文書といった各種地方文献や石碑などの諸史料の収集、村落の構造や建築物の巡検、古老をはじめとする関係者への聞き取り調査など様々なフィールドワークの技法を学ぶ機会が用意されている。また、実習の中で特に重視されるのは、現地感覚を涵養することで、地方志をはじめとする既収集のテキストをフィールドにおいて読み込む能力を身につけることにある。⁽⁴¹⁾かようなサマープログラムは各大学による優秀な大学院生や若手教員を確保するための「青田買い」としての役割も果たしていると思われる。ともあれ、フィールドワークの技法を身につけた若き研究者の隊伍が確実に形成されていることから、今後の中国における地域社会史研究が一層発展・深化していることは想像に難くない。

　現地の研究者によるフィールドワークの最新情報を理解するには、上記の関係者によって刊行されている学術雑誌を当たるのがよいであろう。この分野における開拓者ともいえるのが、中山大学歴史人類学研究中心と香港科技大学華南研究中心が合同で刊行している『歴史人類学学刊』である。人類学的手法を用いた歴史学研究を牽引してきた当該誌は2018年1月に編集委員が刷新・増員され、40名にも及ぶ世界各地の研究者が編集委員に名を連ねている。⁽⁴²⁾したがって彼らが教鞭を執る大学の若手研究者による論考が数多く掲載されており、最新の動向を摑むのに便利である。また、中国中山大学嶺南文化研究院が中心となり、香港中文大学、復旦大学、廈門大学、武漢大学、清華大学、南開大学、華東師範大学、南昌大学の有志によって創刊された『区域史研究』は、近30年における地域史研究の蓄積を踏まえた上で、隣接学科との対話を通じた理論的枠組みを自覚して「全体」に対する歴史感覚を志向する研究成果を発信することを趣旨としている。⁽⁴³⁾地域社会史研究の「断片化」と全体性の問題については夙に指摘されてきたことであるが、地域史研究を新たな段階に進める試みとして期待される。

地方政府と無形文化遺産

　2000年代に入ってからのフィールドワーク環境において言及せねばならないのは、地方政府による民俗文化の無形文化遺産の申請に向けた各種調査や記録・保存の動きである。

　筆者が2004年夏に参加した科研費調査班における調査対象の1つに、濱島敦俊の名著『総管信仰——近世江南農村社会と民間信仰』（研文出版、2001年）において分析された劉猛将軍信仰の復興状況と香客の実態があった。(44)劉猛将軍信仰の総本山である浙江省嘉興市王江涇鎮近くにある蓮泗蕩劉王廟は、「劉承忠紀念公園」として地方政府には登録されており、年に2回開催される廟会をはじめとする実質的な進香活動は事実上黙認されてはいた。しかし、神像巡行はグレーゾーンにある活動とされ、自粛されていた。関連する儀礼などについても同様の扱いを受けており、聞き取り調査では「これらは封建迷信とされてきたのだけれど」とエクスキューズを踏まえた上で言及されることがしばしばあった。(45)

　しかしながら、調査を始めて数年が経つと調査環境は大きく変化した。民間信仰と密接に関連している民間芸能の状況について、蘇州市呉江区の事例に即して説明しよう。現地のカウンターパートがその友人関係を通じて知り合った在野研究者の仲介を通して、『猛将巻』という宣巻の上演と劉猛将軍信仰に関する讃神歌の上演を依頼した。いずれも現地住民の感覚においては、単なる「文芸」として上演されることなく、神明への奉納という形式を採らなければならないとされたため、民間研究者の伝手を通してある小廟において宗教儀礼の一環として実施された。その際、民間研究者から仏娘（霊媒を指す方言）への関与が示唆され、実際に神明の仏娘への憑依の場面も見られたのであるが、当時においては公式には消滅した「封建迷信」であるとされていた。

　その後、呉江の宣巻は2006年より、呉江市政府、蘇州市政府、江蘇省政府という各級政府によって無形文化遺産に登録され、2018年12月4日には、同里宣巻、呉地宝巻、近隣の錦溪宣巻、河陽宝巻、勝浦宣巻は一括して第4期国家非物質文化遺産に認定された。(46)ここに到り、国家からの公式の認定を受けた民俗文化となったのである。この過程においては、2007年初に普査領導小組という調査チームが組織され、その下部には文化広播電視管理局と文化館の関連人員によって構成された工作小組と在野研究者による専家組が設けられた。同時に

各鎮において文化服務中心を核とする普査小組という調査チームが設置され、文化工作経験者、退職教員、鎮志編纂者などに基層知識人の調査への参与を求めた。調査の指導的役割を担ったのが、当地の民俗に造詣が深く、関係者に広いネットワークを有することで知られていた張舫瀾氏（1939年生まれ）であった。彼の尽力により、当地の山歌、宝巻、讃神歌といった民間文学が広く採集され、その一部は資料集として刊行された。[48]

　振り返って見れば、研究班の研究対象が宣巻芸人、仏娘、小廟の管理人、讃神歌歌手、漁民の進香組織といった基層社会の周辺部の人々にまで到達することが出来たのは、ひとえに張舫瀾氏のような在野研究者の尽力に負うところが大きかった。調査開始当初に彼らと知り合ったことが、多様な集団や人物へのアクセスを格段に容易にしたことは紛れもない事実である。また、市級・県（区）級・鎮（社区）級の地方志編纂辦公室や市級・県（区）級の政協の文史資料編纂関係者からも多くの教示を賜った。特定の地域社会における現地調査実施にあたっては、（その内容や方法に疑義があるにせよ）一連の無形文化遺産関連のプロジェクトにおいて発掘されている様々なローカル・ナレッジの蓄積を利用しない手はないであろう。

（2）環境の変化

　近年の中国においてフィールドワークを行う際の諸々の環境は大きく変容している。①インフラ整備、②文献情報のデジタル化、③ソーシャルネットワークの浸透の3点についてみてみよう。

交通インフラの整備

　2000年代に入って急速に進展している高速道路や高速鉄道、地下鉄などの交通網整備や、「滴滴出行」のような配車サービスの普及に伴って、都市近郊農村と都市との距離は格段に縮まっている。例えば、筆者が近年蘇州市郊外の木瀆鎮周辺農村で行っている現地調査では、市内のホテルから地下鉄に乗り、下車した駅から配車サービスを利用してその地域にある「農家楽」（エコツーリズムの一環として設置された宿泊・飲食施設）へと移動するルートをしばしば用いた。時にはその農家楽をインタビューの場として利用することもあった。もちろん、このような地域はまだ多いといえず、また複数の農漁村を移動する場合には専

用の車を手配する必要があるが、調査グループが少人数の場合、現地協力者の車に乗っていくこともしばしばである。

史料情報のデジタル化

　フィールドワークに先立って行う準備も研究情報のデジタル化によって格段に容易になった。『中国方志庫』や『申報』をはじめとする大型商用データベースや国家図書館などから無償で公開しているデータベースによって、地方志、新聞・雑誌、文集、族譜、文史資料などから関連情報をたちどころに抽出することが可能になっている。デジタル化された文献情報の存在は、これから赴く調査地の諸情報を事前に大摑みにしておくことに役立つばかりでなく、フィールドにおいて新たな問いや疑問が湧いた際にも即座に参照することも可能にしている。換言すれば、フィールドに赴く前に様々なデジタルデータベースからいかに「仕込んで」おくかが、フィールドワークの精度と深度を左右することになるのである。

ソーシャルネットワークの普及

　生活をとりまくデジタル化はフィールドワークにおけるインフォーマントとの関わり方にも大きな影響をもたらしている。スマートフォンをはじめとするデジタルデバイスが人々の生活に不可欠な存在になるなか、現地の在野研究者やインフォーマント、現地政府の関係者などとも Wechat や QQ などの SNS を通じて連絡を取るのが当たり前になっている。

　筆者のインフォーマントには、退職した基層幹部や老農民などに加えて、芸人や宗教職能者、霊媒、小廟の主催者やそのクライアントなどがいる。後者は自発的に活動内容を SNS 上にアップロードして関係者と情報を共有する場合が多い。したがって、各地で催される廟会や各種儀礼などの現場に直接赴けなくても、日本にいながらにして SNS から現地の状況を一定程度把握することが可能になっている。

　SNS の利用はカウンターパートとの連絡や研究情報の共有にも大きな威力を発揮する。外国史研究者（ないし地元をフィールドとしない研究者）にとって、現地のカウンターパートとは必ずしも常に行動を共にすることができる訳ではない。SNS を介せば、こうした調査の概況も把握することができるばかりで

なく、調査の進展に伴って行う調査対象の拡大や調整、フィールドノートや口述記録の共同整理や共有といった作業を随時行うことが可能となる。フィールドに滞在する時間が限定されている研究者にとってかようなツールの登場が研究活動にもたらした利便性は少なくない。しかしながら、忘れてはならないのは、こうしたツールの利便性は個人情報とバーターとなっており、これらを用いることで様々な活動を容易に監視・管理されてしまうことの危険性である。特に外国人研究者として細心の注意を払わなければならないのが、調査を行うことでSNSを通して繋がった人々に思いがけぬ迷惑をもたらしてしまう可能性がある点である。この点についても現地研究者や友人からのアドバイスに注意深く耳を傾け、慎重に行動する心構えが必要であろう。

3　フィールドワークの効用と限界

（1）フィールドワークの効用

　オーラルヒストリー調査の最大の効用は官や知識人たちによって記録するに値しないと考えられたか、そうでなければ改良の対象として負の評価を与えられた「田間の小民の鄙事」の実態を、口碑を通じて明らかにできる点にある。とはいえ、歴史学者の行うフィールドワークには文献史料の裏付けが不可欠であるので、以下では文献史料との関係においてフィールドワークがどのような効用があるのかを、筆者の体験に即して提示する。

フィールドで文献を読み込む

　事前に準備した文献史料の記載をフィールドに赴くことでいかに読み込んでいくのかについて、明清期から民国期にかけて蘇州を中心とする江南一帯で盛んであった五通神信仰に関する記載を手がかりに考えてみよう。同治『蘇州府志』には、五通神信仰の拠点の1つであった蘇州市街地の西南部にある楞伽寺について、次のような記載が掲載されている。[51]

　　上方寺は県西南十二里の地点の石湖に在る。『姑蘇志』によれば次の通りである。〔上方山は〕楞伽山頂にあって舊名を楞伽寺という。隋大業四年に呉郡太守李顯が塔の七割を建立した。聞くところに拠れば、山頂の〔上方〕寺には五通祠があり、巫覡が人々の禍福を予言できるなどとでたらめ

なことを言っていた。康熙24年、江蘇巡撫の湯斌が祠を破壊し、神像を太湖に投げすてた。

江蘇巡撫湯斌によって五通祠が破壊され神像が湖に投げ込まれたという下りは、当時の官府が民間の風俗に対して採った措置として有名である。かような風俗[52]が近現代にどのような運命をたどったのかについて、新編地方志が詳細な記事を載せている場合もある。幸運なことに、上方山については新編『横塘鎮志』に極めて詳細な記録が見られる。そこからは、①日中戦争期を経て民国末期に至っても五通神信仰が極めて盛んであり、上方山の廟会は近隣の地域から多くの香客を集めたこと、②五通神以外にも、上方山老太姆や上方山三太太が信仰を集めていたこと、③廟会においては宣巻や「小熱昏」といった民間芸能の上演が欠かせなかったことなどが確認できる。[53]

　このような手がかりをもとに実際にフィールドに赴き、より深い読み込みを行うヒントは２つある。第１は、新編郷鎮志の編纂に携わるような郷土史家から話をうかがうことである。新編地方志、とりわけ郷鎮志や村志の記載は当時[54]の状況を知る老人からの聞き取り調査による知見が反映されていることが多く、詳細に記されている場合には特に参考価値が高い。もう１つは廟会を参観して参拝客から話を聞くことである。

　実はフィールドワークが始まるまでは、筆者は上方山楞伽寺には殆ど注意をはらっていなかった。インタビュー調査を進める中で、漁民の進香組織を率いる香頭が重要な巡礼地の１つとして異口同音に言及し、また、江南農村におい[55]て復活している仏娘からも同様の証言が得られた。彼らの口碑は、蘇州一帯の[56]民間信仰において上方山が持つ重要性を理解する助けになったばかりでなく、時代が違うとはいえ、地方志に記述されている「巫覡が人々の禍福を予言できるなどとでたらめなことを言っていた」という意味を異なる角度から読み込むのに有用であった。

　また、上方山の廟会に巡礼する目的の１つに、「解銭糧」（税糧に見たてた紙銭の納付）を通して「陰債」（陰界への負債）を返還することにあると捉え続けられてきていることも、史料を読解する上で示唆に富む。「解銭糧」慣行が、市鎮と周辺農村との間に形成された擬似的行政区画化を反映したものであると濱島敦俊は看破したが、それ以外にも江南の山にある著名な廟には周辺一帯から人々が「解銭糧」に訪れたという記載があり、上方山もその一例である。この[57]

ような現象は市鎮レベルの地理範囲を大きく超出した信仰圏が存在してきたことの証左であると思われる。これは、府志に掲載される事象の空間的広がりを、フィールドに出ることによって感じ取ることができるようになった事例である。フィールドでの観察には、史料に付帯する空間性の感覚が涵養される効用があるのである。

フィールドで問題を発見する

　フィールドワークでは、志向的に収集した情報以外に様々な情報がもたらされ、そこから新たな問いを発見することがある。また、その情報源も必ずしも、インフォーマントや現地の研究者に留まらない場合もある。以下では、太湖流域社会における様々なエスニックグループについての「発見」に即して紹介する。2012年夏くらいまでに行った現地調査においては、「水上居民」の進香組織の実態、江南農村の「陸上居民」のコミュニティにおける民間信仰の実態や変遷について重点的に聞き取り調査を行った。前者の調査においては一口に「水上居民」といっても、太湖で活動する集団、流域の内水面で活動する集団、岸辺でタニシを捕る集団などがおり、信仰対象や生活様式、生産工具が異なること、また蘇北や山東から移住してきた集団と本地に長く居住していた集団とが混在していたことなどが判明した。このような過程の中で江南基層社会における様々なエスニックグループを詳細にみていくことの必要性を感じてはいたものの、あくまでも「水上居民」の範囲内での考察に限定されていた。

　後者の調査では、廟会をはじめとする様々な儀礼において奉納される宣巻の芸人の活動記録を閲覧させてもらい、そこに記された廟を片っ端から訪問する作業を行っていた時期がある。ある村に所在する城隍廟を訪ねたときのことである。調査班がお世話になっていた運転手が、「ここの村の人々が話す言葉は我々とは違う」とぼそりとつぶやいた。また、大運河沿いにあり、交通の要衝として著名な平望鎮での調査を行った際にも彼は、「ここらは河南人が多い」と言及した。当時筆者はそれを近年の出稼ぎによる現象としてとらえ、それほど気にとめることはなかった。

　その後、定点観測をしていた村において長年にわたってインタビューを継続していた老人を訪ねた時のことである。彼は、国共内戦期に父親が湖田400畝を太湖湖畔に蘇北人から格安に購入したこと、それは売り主が蘇北の「解放」

や中国共産党の土地政策を知っていたことから慌てて湖田を手放したからだと語った。また、湖田については次のような興味深い話を述べた。(62)(63)

　　問：湖南人が放った鴨が収穫後の落ち穂を食べていたとおっしゃいましたね。

　　答：湖南人の多くは太湖湖畔にいました。太湖のあたりの収穫は我々のところ（呉江北庫）よりも早かったですので、こっちでは収穫がはじまっていなくても、彼らのところでは既に収穫を終えていました。ですので、我々が収穫をしている時に、彼らは鴨を駆ってやってきたのです。

　　問：今おっしゃった湖南人は太湖の湖田地帯に集中していたのですか。

　　答：そうです。彼らも田を耕しましたし、また鴨も飼っていました。彼らの稲は耕地で脱穀したので落ち穂が多かったです。我々のところでは家に持ち帰って脱穀していました。

　以上のような語りやそれまでインタビュー以外において得られた様々な情報からは、陸上の人々にも様々なエスニックグループがいること、それが単に近年の現象に留まらず歴史的淵源があることに気がつかされた。

　このような気づきから、江南農村におけるエスニックグループに留意しつつ既収集の史料を当たってたところ、見落としていた重大な史実を発見することとなった。きっかけは、呉江図書館古籍部所蔵の『呉江県圩工徴信録』という史料である。これは民国初年に行なわれた圩岸工事に関する徴信録であるが、工事に関する事務的な公文の中には水利問題を取り巻く環境が明確に反映されていた。それに拠れば、「太湖の喉」と呼称され、太湖から黄浦江への水流の結節点になっていた浪打穿という地域において、河南の移民による圩田造成や開墾推進が紛争を惹起していたこと、天目山系での樹木乱伐とそれに伴う土壌の流出が水流の停滞を招いたことが挙げられていた。(64)(65)

　さらに呉江檔案館で関連史料をあたってみたところ、果たして河南からの客民代表による上申書や、客民らによる新開地の帰属をいかに処理するかについて地方自治制との関連でやりとりされた檔案に行き着くことができた。このようにして、現地での様々な情報から得た着想から関連史料にあたっていく過程は、従来想定していた枠組みや仮設を大きく修正し、新たな問いを筆者にもたらすことになった。この紛争での焦点であった客民である水辺の陸上民の存在からは、それまでの調査で前提としていた陸上民／水上居民という二分法の再(66)

考を迫ったからである。すなわち、こうした二分法自体が現代中国における農漁村政策の影響であること、両者の境界はもともと曖昧であり、水辺社会に着目することで両者の多様なあり方から江南社会の変遷を再検討することの必要性を認識したのである。

（2）フィールドワークの難しさ

フィールドワークの難しさは、フィールドワークという方法そのものに由来するものと、フィールドとしての現代中国に由来するものとがあるが、以下では専ら後者について筆者の経験から考えてみたい。

村落の消失

江南農漁村の調査で筆者を困惑させたのが、農村の再開発に伴う集団移転や「村落の消失」という事態であった。例えば、筆者が参加した調査班は、上海市青浦区檔案館において民国期の地籍図を発見し、地籍調査が実施された上海市松江街道富林村（民国期の広富林鎮）に2006年〜2008年に赴いた。幸運にも地籍台帳に掲載された人物やその子孫と知り合うことができ、彼らのライフヒストリーや土地利用の変遷についてうかがうことができた。⁽⁶⁷⁾しかしながら、現地の観光地化に伴い、鎮の住民は移転を開始しており、その後の調査は断念せざるを得なかった。

一般村落の場合、政府が市鎮周辺に建設した新社区に集団移転した場合が多かったため、市鎮住民の場合と異なりインフォーマントを再訪問することが可能な場合もある。一例を挙げれば、蘇州市呉江区の栄字村という行政村は民国期に農民と漁民とが連合して廟会を行っていたという興味深い村であるが、殆どの村民たちは蘆墟鎮周辺の野猫圩に建設された新社区に集団移転したため、ある漁民に継続して聞き取り調査を実施することができた。⁽⁶⁸⁾しかしながら、このような場合においても、地図を片手に現地を巡検して、地名を確認したり景観を理解したりすることや、2つあった廟の行事を参観することはできないため、理解できることには相当の制限ができてしまった。

檔案へのアクセス

たとえフィールドワークの手法を大きく取り入れたとしても、歴史学研究で

ある以上はあくまでも文献史料を主軸とした分析が必要であることに贅言は要さない。特に南京国民政府期以降の地域史研究にとって地方檔案は不可欠の一次史料である。しかしながら、多くの研究者が経験しているように、近年檔案の閲覧には多くの制限が伴うようになっている。とりわけ外国人研究者に対しては顕著である。蘇州市檔案館での出来事を例として述べる。中国の大学の紹介状を持参して調査に赴いた際、目録は既にデジタル化されているとのことで係員の指示のもと、備え付けのコンピュータで検索を行った。そこから幾つかの簿冊を申請しようとしたところ、係員が慌ててやってきて目録が違うから新たにログインした目録で検索をしてほしいといった。その「新たな目録」でヒットした情報は当初の2割くらいの分量であった。その後やってきた中国人研究者に拠れば、外国人に開放している目録と中国人に開放している目録には異同があるとのことであった。

　このように閲覧者の国籍によって檔案の開放内容にはっきりと線を引いている檔案館もあるが、多くの市級・県級檔案館の場合、近年開放内容が限定されたように感じられるのは、実は実務の規範化の影響が大きい。檔案閲覧の開放が始まった1990年代から2000年代にかけて、そもそも関連実務に携わる担当者自身が手探りで業務を行っており、そこには「情実」が入り込む余地があった事実を踏まえなくてはならない。対して近年では、プライバシーに関わりそうな檔案の出納に敏感になり慎重になっていることと相俟って、「制限」の側面がことさら強く感じられるようになった。実際、蘇州市呉中区檔案館や呉江区檔案館へカウンターパートに随行して赴いた際、彼らもプライバシーを理由とした説明を受けていた。[69]

　様々な制限が伴うなか檔案を効率よく閲覧・収集するには、当たり前のことではあるが、閲覧に赴く前に既刊行史料やインタビュー調査の記録を徹底的に読み込んで概要をほぼ把握しておく必要がある。そうすることで、極めて限定された閲覧環境であっても、議論の核心に関わる檔案を効率的に発見できる可能性がある。

現地社会との関係

　先に挙げたように、SNS の普及などによって現地社会にアクセスすることが格段に容易になったとはいえ、調査の中でどのように現地の人々と付き合っ

ていくのかは、相当に気を遣う問題である。一定の信頼関係を構築するまでは、自分が何者であり、何のために、何を調査しているのかを丁寧に根気よく説明しなければならない場面が多い。また、特に宗教や民族といった敏感な話題を尋ねるときには、必要以上にインフォーマントの警戒心を刺激しないようにする必要がある。

　一時期は「封建迷信」とされていた民間信仰や関連する民俗は、無形文化遺産ブームによって、一定の「市民権」を得たため、かつてのように秘匿されることも少なくなり、廟の参観などに行っても熱心に話を聞かせてくれる場合が多くなっている。しかしながら、こうした状況においても注意が必要である。ある調査地の村民たちは、仮設されている小廟が神明にふさわしくないと考え、大廟建築のために公有地を利用できないか村民委員会や新社区に度々陳情しながらも認可されないでいた。この状況を打開すべく、外部からやってきた我々調査班に対して政府やメディアの関係部門に働きかけてくれないかと幾度もアピールしてきた。その後、我々の「使い道」がないと知るやインタビューを事実上拒否する者も少なくなかった。

　また、現地の文化に通暁する民間研究者の紹介とアドバイスによって基層社会の様々な人々と知り合うことができたことを先に述べたが、彼らとの関係も一定不変では無く、中国の文化政策の中で少なからぬ変化に直面した。無形文化遺産への認定が各級地方政府によって推進されるまで、周りからは「好事家」と見なされていた民間研究者の一部は、外部からの研究者と繋がることで自らの権威を周りに示そうとしていた。ところが、無形文化遺産ブームによって公的な調査に参与し、政府や地域住民からの承認を得るようになると、「外国人研究者は政府の許可を取らないで、うろうろするものではない」調査班に苦言を呈する事態も出現した。これは極端な例ではあるが、純粋な学問上での好奇心のみで繋がっていると思われた現地関係者との関係が時には一筋縄ではいかないことを示している。フィールドと関わる際には、こうした状況が起こりうること、そうした場合潔く距離を置く覚悟を持つことも必要となる。

おわりに

　以上、筆者の限られた経験に即して、フィールドワークという手法と近現代

中国の地域社会史研究との関係について述べてきた。フィールドワークの手法全般についてはマニュアルも少なからず出ており、一定程度標準化することは可能であると思われる。しかしながら、一口にフィールドワークといっても、どのようなテーマで行うのか、どの時代や地域を対象とするのかによってアプローチの仕方は異なる。例えば民間信仰をテーマとした場合、檔案に現れるのは取り締まりの対象としてのバイアスのかかった側面であるので、その内的世界に踏み込もうとするならば、儀礼の観察や口述調査が中心となる。時代についていうならば、生身のインフォーマントとの対話が中心となる場合、質問内容は自ずから相当の制限を受けることを自覚しなくてはならなくなる。筆者が特に強調したいのは、地域による差異である。華南地方のように現在においても宗族組織の結合が強い地域においては、宗祠や族譜などの「儀礼標識」(ritual marker) を手がかりとして基層社会に入って行くことが可能であったのに対し、伝統中国期においても地縁・血縁的結合が低調であった江南農村においては異なるアプローチが必要であった。このような情況は同時に、対象とする地域社会においてどのように史料が生成し、蓄積されていくのかという問題を考える好個の機会となろう。

　ところで、近年地方檔案館の開放情況は特に外国人研究者にとって厳しくなっている。こうした情況のもと、外国史としての中国近現代史はどのように進めて行けばよいのであろうか。筆者も常にこの点に悩みつつ模索をしているところであるが、現地のカウンターパートや在地の民間研究者との緊密な協力関係は不可欠である。各地の大学で収集・整理が進められている民間文献や地方檔案を共同研究として読解をしていくことが目下もっとも現実的な方法であろう。史料収集における地の利や史料読解の速度を考えるならば、カウンターパートが日本の研究者に求めることは彼らとは異なる切り口や着眼点であるから、我々は日本社会との比較や東アジア的な視野、グローバルな視点において中国の地域社会のどのように位置づけるのかを常に探索し、議論を活性化させる必要がある。アーカイブという点についていえば、日本の各種調査資料や宣教師文書などに書き留められた情報を読み込んでいくことが手がかりになると思われる。

注

（1）　Zheng Zhenman and Michael Szonyi, *Family Lineage Organization and Social Change in Ming and Qing Fujian.* Honolulu: University of Hawaii Press,2001;David Faure, *Emperor and Ancestor: Sltate and Lineage in South China.* Stanford: Stanford University Press,2007；劉志偉『在国家与社会之間——明清広東地区里甲賦役制度与郷村社会』北京、中国人民大学出版社、2010年；Helen F. Siu, *Tracing China: A Forty-Year Ethnographic Journey.* Hong Kong: Hong Kong University Pres,2016.

（2）　若手研究者による関連業績は枚挙に暇がないが、以下に代表的な成果を挙げる。賀喜『亦神亦祖——粤西南信仰構建的社会史』北京、三聯書店、2011年、杜正貞『近代山区社会的習慣、契約和権利——龍泉司法檔案的社会史研究』北京、中華書局、2018年、徐斌『制度、経済与社会——明清両湖漁業、漁民与水域社会』北京、科学出版社、2018年、劉詩古『資源、産権与秩序——明清鄱陽湖区的漁課制度与水域社会』北京、社会科学文献出版社、2018年、劉永華『礼儀下郷——明代以降閩西四保的礼儀変革与社会転型』北京、三聯書店、2019年。

（3）　佐藤仁史・太田出「太湖流域社会史現地調査報告——外史研究者とフィールドワーク」『近代中国研究彙報』第30号、2008年、佐藤仁史「フィールドワークと近現代江南農村——太湖流域社会史調査に即して」高田幸男・大澤肇編『新史料からみる中国現代史——口述・電子化・地方文献』東方書店、2010年、佐藤仁史「歴史学者の行うフィールドワーク——江南地域社会史調査の場合」西澤治彦・河合洋尚編『フィールドワーク——中国という現場、人類学という実践』風響社、2017年。

（4）　注（3）参照。なお、日本の中国農村研究の動向については、川島真・中村元哉編『中華民国研究の動向——中国と日本の中国近代理解』第13章「地方建設」（菅野智博執筆）も参照されたい。

（5）　『中国農村刊行調査』第 1 巻、21-23頁。

（6）　旗田巍『中国村落と共同体理論』岩波書店、1973年、「序文」。

（7）　なお、『中国農村慣行調査』の復刻版は1982年に刊行されている。

（8）　内山雅生『現代中国農村と"共同体"』御茶の水書房、2003年、16-21頁、Prasenjit Duara, *Culture, Power, and the State: Rural North China,1900-1942.* Stanford: Stanford University Press, 1988, pp.207-214,上田信：《村に作用する磁力について（上、下）》,《中国研究月報》第455、456号、1986年。

（9）　三品英憲「大塚久雄と近代中国農村研究」小野塚知二・沼尻晃伸編『大塚久雄『共同体の基礎理論』を読み直す』日本経済評論社、2007年。

（10）　内訳は次の通りである。石川正義『中支に於ける農村の社会事情——中支、

嘉定区石岡門鎮附近部落調査の一報告』（南満洲鉄道株式会社上海事務所、
1939年）、満鉄上海事務所調査室編『上海特別市嘉定区農村実態調査報告書』
（上海満鉄調査資料第33編、南満洲鉄道株式会社上海事務所、1940年）、『江蘇
省常熟県農村実態調査報告書』（同第34編、南満洲鉄道株式会社上海事務所、
1940年）、『江蘇省太倉県農村実態調査報告書』（同第35編、南満洲鉄道株式会
社上海事務所、1940年）、『江蘇省無錫県農村実態調査報告書』（同第37編、南
満洲鉄道株式会社上海事務所、1941年）、『江蘇省松江県農村実態調査報告書』
（同第31編、南満洲鉄道株式会社上海事務所、1941年）、『江蘇省南通県農村実
態調査報告書』（同第38編、南満洲鉄道株式会社上海事務所、1941年）。

(11)　高倉正三『蘇州日記』（弘文堂、1943年）、福武直『中国農村社会の構造』
（大雅堂、1946年）、林恵海『中支江南農村社会制度研究』上巻（有斐閣、1953
年）。

(12)　Philip C.C. Huang, *The Peasant Economy and Social Change in North
China.* Stanford: Stanford University Press, 1983 ; Philip C.C. Huang,
The Peasant Family and Rural Development in the Yangzi Delta, 1350-1988.
Stanford: Stanford University Press, 1990、曹幸穂『旧中国蘇南農家経済研
究』北京、中央編訳出版社、1996年。

(13)　例えば、江南社会の市場圏や社会圏、祭祀圏に関する福武直の分析は現在で
も有用である。福武直『中国農村社会の構造』（福武直著作集第 9 巻）, 東京大
学出版会、1976年、221-236頁。

(14)　旗田巍前掲書、265頁。

(15)　『上海特別市嘉定区農村実態調査報告書』伊藤武雄「序」。

(16)　林恵海前掲書、2-8頁。

(17)　『江蘇省常熟県農村実態調査報告書』71頁。

(18)　林恵海前掲書、10頁。

(19)　Duara, op.cit.,pp6-7.

(20)　三谷孝編『農民が語る中国現代史』内山書店、1993年、三谷孝ほか『村から
中国を読む——華北農村50年史』青木書店、2000年。

(21)　佐々木衛編『近代中国の社会と民衆文化——日中共同研究・華北農村社会調
査資料集』東方書店、1992年、佐々木衛編『中国民衆の社会と秩序』東方書店、
1993年。

(22)　森正夫編『江南デルタ市鎮研究——歴史学と地理学からの接近』名古屋大学
出版会、1992年。

(23)　三谷孝編『中国農村変革と家族・村落・国家——華北農村調査の記録』全 2
巻、汲古書院、1999年、2000年、魏宏運・三谷孝・張思主編『二十世紀華北農

村調査記録』全 4 冊、北京、社会科学文献出版社、2012年。

(24)　濱島敦俊・片山剛・高橋正「華北・華南デルタ農村実地調査報告書」『大阪大学文学部紀要』第34巻、1994年。

(25)　森正夫前掲書、3 - 5 頁。

(26)　かような情況については、濱島・片山・高橋前掲論文、vi - vii 頁。

(27)　田原史起『中国農村の権力構造——建国初期のエリート再編』お茶の水書房、2004年、三谷孝編『中国内陸における農村変革と地域社会——山西省臨汾市近郊農村の変容』御茶の水書房、2011年、山本真『近現代中国における社会と国家——福建省での革命、行政の制度化、戦時動員』創土社、2016年。

(28)　太田出・佐藤仁史編『太湖流域社会の歴史学的研究——地方文献と現地調査からのアプローチ』(汲古書院、2007年)、佐藤仁史・太田出・稲田清一・呉滔編『中国農村の信仰と生活——太湖流域社会史口述記録集』(汲古書院、2008年)、佐藤仁史・太田出・藤野真子・緒方賢一・朱火生編『中国農村の民間藝能——太湖流域社会史口述記録集 2』(汲古書院、2011年)、太田出・佐藤仁史・長沼さやか『中国江南の漁民と水辺の暮らし——太湖流域社会史口述記録集 3』(汲古書院、2018年)。このほか、現地研究者や現地協力者と成果の一部を、佐藤仁史・呉滔・張舫瀾・夏一紅『垂虹問俗——田野中的近現代江南社会与文化』広州、広東人民出版社、2018年、として公刊した。

(29)　岩本通弥・法橋量・及川祥平編『オーラルヒストリーと〈語り〉のアーカイブ化に向けて―文化人類学・社会学・歴史学との対話』成城大学民俗学研究所グローカル研究センター、2011年。

(30)　しかしながら、注意しなくてはならないのは、こうした「目利き」の中にも紹介者の地域文化に対する主張が控えていることである。調査対象を広げ、比較・検討をしていくなかでこの問題を考える必要がある。

(31)　その嚆矢となったのが、王鈺欣・周紹泉・欒成顯・羅仲輝編『徽州千年契約文書（宋・元・明編）』石家荘、花山文芸出版社、1991年。

(32)　唐立・楊有賡・武内房司主編『貴州苗族林業契約文書匯編——1736年-1950年』東京大学出版会、2005年。

(33)　山西大学中国社会史研究中心　http://rccsh.sxu.edu.cn/（閲覧日：2019年12月 1 日）。当該センターは100あまり山西省の村落に残されている集団化期の檔案を10数年間にわたって調査・収集した。研究成果の一部は行龍・馬維強・常利兵『閲檔読史——北方農村的集体化時代』(北京、北京大学出版社、2011年）として刊行されている。

(34)　南開大学歴史学院中国社会史研究中心
　　　http://history.nankai.edu.cn/2019/0910/c16085a201653/page.htm（閲覧日：

2019年12月 1 日）

(35)　中山大学歴史人類学研究中心　http://ha.sysu.edu.cn/（閲覧日：2019年12月 1 日）

(36)　華東師範大学民間記憶与地方文献研究中心
　　　http://www.clhm.ecnu.edu.cn/（閲覧日：2019年12月 1 日）

(37)　復旦大学当代中国社会生活資料中心
　　　http://www.ssdpp.fudan.edu.cn/portal/view-rXX6KR-nXGvcE.html （閲覧日：2019年10月31日）。当該センターの設立者張楽天収集の諸史料は本人主編の「中国当代社会生活史料長編」シリーズとして、2015年より出版が開始されている。また、張は張楽天聯民村（http://www.zltfieldwork.com/、閲覧日：2019年12月 1 日）というサイトにおいて、南京国民政府期から改革開放期における浙江省海寧市聯民村の地方檔案、口述資料、エゴドキュメント、関連出版物などを公開している。

(38)　上海交通大学中国歴史文献数據庫 http://dfwx.datahistory.cn/pc/（閲覧日：2019年12月 1 日）

(39)　廈門大学民間歴史文献研究中心　https://crlhd.xmu.edu.cn/（閲覧日：2019年12月 1 日）

(40)　このようなプログラムを牽引してきたのが、香港中文大学、香港科技大学、中国中山大学が合同で進めてきた研究プロジェクトである。香港特別行政区大学教育資助委員会・卓越学科領域計画（第 5 輪）「中国社会的歴史人類学」http://www.ha.cuhk.edu.hk/（閲覧日：2019年11月30日）。

(41)　例えば、呉滔『清代江南市鎮与農村関係的空間透視——以蘇州地区為中心』（上海、上海古籍出版社，2010年）第 2 章「"鎮管村"体制的形成」における議論。

(42)　『歴史人類学学刊』第16巻第 2 期、2018年、に記載された編集委員会委員リスト。

(43)　『区域史研究』創刊号、2019年、i-ii頁、参照。

(44)　改革開放期における劉猛将軍信仰の復興状況については、張覚民『網船会影像』上海、上海人民美術出版社、2003年、参照。

(45)　例えば、ある漁民の進香組織の香頭は、1950年代に組織が「会道門」と見なされ、父である先代の香頭が弾圧された記憶を有するため、インタビューを依頼した当初、組織の歴史を語りたがらなかった（その後、インタビューを受け入れ、讃神歌の一部も披露していただいた）。

(46)　「同里宣巻入選第四批国家級非物質文化遺産代表性項目名録」呉江通
　　　http://www.wujiangtong.com/webpages/DetailNews.aspx?id=13034（2019

年1月14日閲覧)。2006年、蘇州市人民政府は同里宣巻を第2期蘇州市級非物質文化遺産簿に登録したことを公布した。続いて翌年、呉江市人民政府より第1期呉江市級非物質文化遺産に登録された。そして2009年には、江蘇省人民政府によって第2期江蘇省級非物質文化遺産に登録された。2018年12月4日には、同里宣巻（呉地宝巻）と、近隣の錦溪宣巻、河陽宝巻、勝浦宣巻を一括して第4期国家非物質文化遺産に認定された。

(47) 『江蘇省非物質文化遺産普査　呉江市史料匯編』第1巻、呉江、呉江市文化広播電視管理局、2009年。なお、当該資料は張舫瀾氏所蔵のものを閲覧させていただいた。

(48) 筆者が参加した調査班が民間芸能や民間信仰の関係者に対する聞き取り調査を順調に展開できたのは、ひとえに張舫瀾氏の紹介とアドバイスがあったからであった。張氏は『中国・蘆墟山歌集』（上海、上海文芸出版社、2004年）や『中国・同里宣巻集』（南京、鳳凰出版社、2010年）の中心的編纂者である。

(49) 枚挙に暇がないが、例えば中国国家図書館・中央国家数字図書館「数字方志」データベース　http://mylib.nlc.cn/web/guest/shuzifangzhi（閲覧日：2019年11月30日）。しかしながら、デジタルデータベースの出現により、個々の史料が成り立った背景を十分に踏まえていない引用を行う研究が増えている。

(50) 大型の商用データベースを購入できる大学とそうでない大学の間で基本的な研究環境の「デジタルデバイド」問題も顕著になっている。

(51) 同治『蘇州府志』巻40「寺観2」。

(52) 呉建華「湯斌毀"淫祠"事件」『清史研究』1996年第1期、唐力行・王健「多元与差異──蘇州与徽州民間信仰比較」『社会科学』2005年第3期。

(53) 横塘鎮志編纂委員会編『横塘鎮志』上海、上海社会科学院出版社、2004年、第15章民俗、第4節「上方山廟会」。上方山の廟会は日中戦争期にも開催されていた。「上方山香汛──加緊戒備治安良好」『江蘇日報』1943年9月18日。

(54) 筆者が参加した調査班では、盛澤鎮在住の郷土史家で『呉江絲綢志』（南京、江蘇古籍出版社、1992年）の編者を務めた周徳華氏や『北庫鎮志』（上海、文匯出版社、2003年）の編者費阿虎氏に話をうかがうことができた。

(55) 佐藤・太田ほか前掲『中国農村の信仰と生活』289頁。

(56) 佐藤・太田ほか前掲『中国農村の信仰と生活』360、368頁。

(57) 乾隆『錫金識小録』巻一、備参、「補訂節序」。

(58) かような祭祀圏の広がりに福武直も注目していた。福武前掲書、231頁。

(59) 太田出「太湖流域漁民の『社』『会』とその共同性──呉江市漁業村の聴取記録を手がかりに」太田・佐藤前掲『太湖流域社会の歴史学的研究』所収、参照。

(60)　この経緯については、佐藤仁史「一宣巻藝人の活動からみる太湖流域農村と民間信仰──上演記録に基づく分析」太田・佐藤前掲『太湖流域社会の歴史学的研究』所収、で述べた。

(61)　当該城隍廟は呉江区史家庫村にあり、廟では城隍老爺と城隍老爺とが祀られていた。現地協力者によれば当該村住民には蘇北なまりがあるという。「2006年9月4日フィールドノート」（未定稿）。

(62)　佐藤・太田ほか前掲『中国農村の信仰と生活』143頁。

(63)　「楊誠氏口述記録」（2010年9月2日採訪、未定稿）。

(64)　「査復客民請升蕩糧情形並沈意見文（呈省民政長修改科員原稿，三年二月）」『呉江県圩工徴信録』1914年鉛印本, 呉江図書館蔵。

(65)　「県知事呈請興修水利並報本年開浚樓港文（二年十二月十三日）」『呉江県圩工徴信録』。

(66)　「為環懇談発交提議事」『劃併区域』呉江檔案館蔵（0204-3-827）。なお、清末以来の太湖流域地域の移民については、周波「清末以来東太湖流域的人口流動与身份認同──以呉江菀平為例」（中山大学博士論文）2017年、が検討している。

(67)　当該地籍図については、稲田清一「1940年代末、江蘇省青浦県における地籍台帳と地籍公図」を、南京国民政府期において調整業務に携わった図正を務めた人物への聞き取り調査については、山本英史「清末民国期における郷村役の実態と地方文献──蘇州府を中心とする史料紹介」（ともに太田・佐藤前掲『太湖流域社会の歴史学的研究』所収）を参照されたい。

(68)　「陳連舟氏口述記録」（2011年8月12日、16日採訪、未定稿）。

(69)　例えば、呉江檔案館で示された規定には、「個人は身分証などの有効な証明書に依って、開放檔案を閲覧できる。単位及び個人が未開放檔案を閲覧する場合、単位や個人が委託されて檔案を閲覧する場合、外国組織及び外国人が檔案を閲覧する場合には、関連政策の内容や法規、及び檔案局と檔案館が定めた制度に厳格に照らして執行する」（2016年10月28日付けの規定）とあった。

(70)　Thomas David DuBois, Jan Kiely eds, *Fieldwork in Modern Chinese History: A Research Guide.* London: Routledge, 2019.

(71)　儀礼の観察による最新の成果として、劉永華前掲書を参照。

(72)　「儀礼標識」（ritual marker）を生み出した明代の「儀礼革命」については、科大衛『明清社会和礼儀』北京、北京師範大学出版社、2016年、4-14頁、を参照のこと。

(73)　内山雅生編『中国農村社会の歴史的展開──社会変動と新たな凝集力』（御茶の水書房、2019年）の土台となった、山西大学との共同研究の方法は参考に

なる。

（74）　例えば、本庄比佐子・内山雅生・久保亨編『興亜院と戦時中国調査』岩波書店、2002年、本庄比佐子編『華北の発見』汲古書院、2013年。

（75）　『歴史評論』第765号（2014年）に掲載された特集「キリスト教と近代中国地域社会史」におけるミッション史料を用いた論考や、山本真前掲書が参考になる。

〔脱稿後の補記〕

　本章は、筆者が2019年8月までに行ったフィールドワークを土台として執筆したものであり、フィールドワークを取り巻く諸条件は同時期までの情況が反映されたものである。最近の中国においては純粋な学術調査とて大幅な制限が設けられ、研究者の活動範囲が急速に狭められてしまっている。したがって、以上で述べたフィールドワーク論は筆者からみても楽観的内容が含まれており、既に陳腐化してしまった感を免れえない。しかし、こうしたフィールドワークも可能であったという一種の「歴史的記録」として本章を読むことも可能であろう。なんら憂慮なく学術調査を行える状況が訪れることを切に願う。

第 4 章　現代中国と英語圏との対話—経済史

村 上　　衛

はじめに

　多少の紆余曲折はあるだろうが、2030年代末までに中国の名目 GDP はアメリカを超え、名実ともに世界最大の経済大国となっている可能性は高い。中国の政治的・経済的影響力が極めて大きくなっているその時代、日本の中国近現代経済史研究には大きなチャンスが到来しているようにもみえるが、果たして国内外においてその存在意義を示すことができるのだろうか。

　まずは身近な日本国内から始めよう。あなたが中国近現代史研究、特に経済史を志すとしたら、その意義を説明できるだろうか。人文系の中国史を中心とする東洋史、あるいはアジア史といった枠組みの大学院に所属しているならば、比較的説明は容易であると思われるかもしれない。例えば中国史研究において経済史研究は一貫して重要性を占めてきており、中国近現代史は経済史ぬきでは社会史はもちろん政治外交史も成り立たないといった説明もあるだろう。しかしながら、そういった説明は中国史研究の中でしか通用しない。

　社会科学系の大学院であれば、現在の中国の経済発展の分析ではなく、なぜ、わざわざ手間をかけて歴史を研究するのかを説明しないといけないだろう。地域研究系・国際系といった比較的新しい枠組みの大学院においても同様の問いに対応する必要がある。そして人文系の出身であろうと、経済史研究を志すのならば、この問いに答えらえるようにならなければならない。なぜなら、人文系の学問的な枠組みは、すでに制度的には急速に変化しつつあり、経済史に限らず東洋史・中国史の枠組みだけで議論する場は、今後ますます減っていくからである。経済史ならばむしろ中国史以外の枠組みを前提としなければならない。特に、最も身近なはずの現代中国経済研究者に対して経済史研究の意義を明快に示すことができるかどうかが、一つの課題となる。もっといえば、現代中国の経済現象を少しでも歴史的に説明できるかということが問われることに

なる。

　同時に、海外において日本の研究の存在意義を示すのはどうだろうか。2030年代、英語圏における中国経済史研究は後述するポメランツの「大分岐」の議論を受け継ぎ、18世紀末以来、あるいは16世紀に始まる西欧と中国の「大分岐」が収束したとして、中国の経済的発展を当然視しているだろう。そのため、18世紀以前や20世紀末以降に注目が集まり、「分岐」していた19世紀と20世紀の歴史、つまり近現代史は例外的な時期であったとして積極的に扱わない傾向は続いている。この時代を扱う場合も、「分岐」の理由を19世紀前半の自然災害や19世紀中葉の大規模な内乱などの偶然的な要素に帰している可能性は高い。

　2030年代の中国においては、近年急速に充実しつつある経済史研究は、ますます活発になっていることが予想される。大国中国の復活として「大分岐」の収束を当然視し、清代中期までの「分岐」以前の中国経済を実証する研究はすでに積み上げられているだろう。「本国史」であるから近現代史研究も充実しているが、様々な分野における「発展」の歴史を中心とするだろうし、あるべき「発展」を阻害したものとして清朝・中華民国政府の問題や、列強による侵略および内乱・災害といったことが強調されるだろう。また、日本をはじめとする諸外国の影響や経済的「貢献」についてはあまり積極的に分析されないかもしれない。1949年から30年間の毛沢東時代を対象とする研究の公表が進まない一方で、改革開放期以降の政府の経済政策の成功を強調する研究は活発に行われるであろう。中国語圏で教育を受けた研究者の英語圏における発信も、現在よりも盛んになっているだろう。こうした中国語圏の研究は英語圏とは異なる幅広さと厚みをもっていると思われるが、「大分岐」に関する見方など、英語圏と共通する見解が広がっている可能性は高い。

　そして英語圏と中国語圏ともに英語・中国語以外で書かれた文献を読まない傾向は変わらないだろう。優れた研究ならば日本語で書いても読んでもらえるなどというのは、現在の段階でも過去の話である。このような状況の中で日本における研究の意義をどのように示せばよいのだろうか。

　そこで本章では、現代中国経済研究と海外、特に英語圏における中国経済史研究の二つの方面の潮流と課題をみていくとともに、日本の中国経済史研究が存在意義を示す機会がどこにあり、どのように対応したらいいのかを考えてみたい。

1　現代中国経済研究との関わり

中国経済の発展と歴史学

　戦後日本の社会科学において中国に対する関心は著しく低くなっていた。日中の国交がなかったのはもちろん、経済的にも貿易はしばしば断絶し、日本にとっての重要性は著しく低下した。日本人研究者は中国において現地調査ができないどころか、1950年代後半からは信頼できる統計データの入手も困難になった。社会科学系の学部において、日本経済史・西洋経済史の議論が活発に行われたのに対して、日本経済史の一部としての植民地研究を除けば中国経済史・アジア経済史の研究は行われず、同時代の中国経済を研究することも大幅に減った。

　中国が改革開放期に入ると、中国から提供される統計や中国における現地調査といった点については大きく改善されていくが、社会科学系の学部において現代中国経済研究が盛んになってきたのは、世紀転換期であろう。そしてアジア経済・中国経済の発展にともない、アジアそして中国への関心は急速に高まり、アジア経済史のポストも新設されてきた。

　しかしながら、戦前と断絶し、経済学、なかでも開発経済学の影響下で近年急速に発展してきた現代中国経済研究において、必ずしも歴史学に対する関心が高いわけではない。急速に変化する中国において、過去の経験はすぐに役に立たなくなるので、歴史を踏まえた理解は必要ないという見方もあるだろう。

　現在からみれば、過去は変化に乏しいように見えるかもしれない。1910年代半ばから1920年代における繊維産業を中心とする中国の工業化の進展なども、歴史研究者からみれば画期的であろうが、現在の発展のスピードと広がりと比較すれば、局地的かつ限られた業種のゆるやかな成長とみなすこともできる。

　中国経済史研究が、中華人民共和国の成立で歴史を断絶させず、1949年前後の連続性を強調してきたことは現状分析にとっても重要な貢献であった。しかし、1949年からすでに70年以上経た現在においては、中華人民共和国成立前後の時期すら現状分析にとっては遠い過去のこととなりつつある。

　中華人民共和国期、あるいは改革開放期以降に生じてきた現代中国特有の事象については、過去の経験が必ずしも役に立たないと考えることもあるだろう。

例えば中央政府が財政を含めてこれだけ強力な力をもったり、政府の末端への支配が強まったりしたことも、歴史上ほとんどなかったから、政治と経済の関係も従来の歴史的枠組みでは理解できないと考えるかもしれない。

　さらには、過去の経験を狭くとってしまえば、その再現性がないとみなすこともある。例えば改革開放期以降に、温州人はその産業集積を背景に中国内外で活発に活動するようになった（丸川2013）。しかし、温州は歴史的には広州・泉州・寧波・厦門・汕頭といった港のように海上貿易の中心となることもなかったし、温州商人は国内・海外貿易において福建・広東商人ほど大きな役割を果たしたことはなかったから、温州という地域にこだわった場合に、歴史的な研究は意味がないと思われるかもしれない。

　現在、開発経済学の主流は、経済発展のあり方は世界で共通しており、欧米で議論されてきた共通の理論で説明できるという傾向にあり、中国経済についても同様の見方は存在する。歴史的な側面を意識しつつも、中国の特殊性はあまり強調せず、既存の開発経済学の理論で現代中国経済は相当程度理解できるという見方はなされている（中兼2012）。この考えに基づけば、歴史研究の成果についても「共通の理論」といったことでくくることのできる範囲しか参照されなくなる。

現代中国経済と「制度」

　もっとも現在中国においては、過去の歴史の再現のような現象がしばしば浮上している。例えば丸川知雄が描く、深圳におけるゲリラ携帯電話産業の細かい企業間分業（丸川2013）は、多数の零細な業者が仲介に入って分業していた清末民国期の流通業を想起させる。このような多重の仲介者が作り出す構造のみならず、地方財政が不足する問題、都市と農村・沿海と内陸・地域内の格差問題、政治権力と関係した腐敗問題は中国史上繰り返し出現してきた。清末民初の官営企業・官督商辦企業と現在の国営企業が抱えている問題は共通するものを見出すことも可能だろう。温州人の活動も、温州人を福建人などに置き換えれば、共通する行動パターンを見て取ることができるだろう。こうした過去と共通する現象によって、歴史に対する関心が喚起されるようになった。

　歴史的現象と現在の経済を結びつける際に鍵となってくるのが「制度」である。制度に関する経済史研究を端緒となったのが1970年代以降のノース等の研

究である。ノースらは西洋経済の勃興の原因をそれまで考えられていた技術革新・規模の経済性・教育・資本蓄積ではなく、国家が所有権を保護するという制度が取引コストの低下を通じて人々が市場に参加するインセンティブを高めて市場経済の拡大をもたらしたことだとした（ノース・トマス1980）。

　ノースらの議論は国家の定める制度に限定されるため、西洋の優位を説明するものになりかねない。しかし1980年代末以降、グライフがゲーム理論を応用し、多角的懲罰戦略によってマグリブ貿易商の代理人関係に基づく遠隔地貿易が拡大したと論じたことによって制度の議論は大きく拡大した。グライフは制度を「（社会的）行動に一定の規則性を与えるルール・予想・規範・組織のシステム」とみなしてその範疇を広げるとともに、制度の生成と変化に注目した（グライフ2009）。グライフをはじめとする歴史制度分析に加え、青木昌彦もまたゲーム理論を応用して、比較制度分析を進展させ（青木2003）、経済史研究との接点を広げてきた。

　日本では岡崎哲二が、公権力に限界がある近世日本において、株仲間の多角的懲罰戦略が所有権と契約履行を保証する私的な制度として機能したとし、日本経済史に応用した（岡崎1999）。その後、日本経済史を中心として制度史研究が進展し、取引制度の分析（岡崎編2001）、さらには江戸・明治期から現代日本の経済を射程にいれた議論を提供するようになっている（中林編2013）。

　一方の現代中国研究であるが、制度派経済学をうけつつ、最も積極的に制度史的な観点に注目したのは加藤弘之である。加藤は制度派経済学に加え、明清社会経済史研究や戦前の調査に基づく村松祐次・柏祐賢の業績をヒントに中国型資本主義の本質的な特徴を「曖昧な制度」という概念で説明した。「曖昧な制度」とはすなわち「高い不確実性に対処するため、リスクの分散化を図りつつ、個人の活動の自由度を最大限に高め、その利得を最大化するように設計された中国独自のルール、予想、規範、組織」である。加藤はこの「曖昧な制度」を媒介として、相矛盾し、反発し合うように思われる諸要素が全体としてうまく機能しているところに中国の独自性があるとした（加藤2013・2016）。こうした「曖昧な制度」を意識しつつ中国経済の持続的発展に関して行われた共同研究の成果も生まれている（加藤・梶谷2016）。

　加藤を引き継ぎ、さらに実証研究を含めて歴史的な制度生成を参照しているのは梶谷懐である。梶谷は明清から近代にいたる財政・貨幣・金融史の成果か

らインプリケーションを得つつ、現代中国の財政・金融システムを解明している（梶谷2011）。さらに日中の近現代経済史について、中国近代の経済史研究の成果を咀嚼し、「制度」を意識しつつ通史を描くにいたっている（梶谷2016）。

経済史研究の課題

　以上のような現代中国における「曖昧な制度」が現代中国経済研究者によって認められるようになったとしても、研究者によって「曖昧な制度」のとらえ方は異なる。「曖昧な制度」は従来の経済学の理論から見て後進的なもの、現代中国における過渡期的なものととらえた場合、「曖昧な制度」のような中国固有の制度は、中国における制度整備や技術の発展によってなくなりつつある、いずれなくなるというものとみなされてしまう。いずれなくなるものであれば、それに対する関心も高まらない。

　実際に、現在の急速な技術的変化が従来の中国経済が抱えていた問題を克服していることも、気になることである。たとえば、情報通信技術の発展によって情報の流通のコストがほとんどゼロにまで低下したことは、仲介者が介在することのコストはゼロになり、その点で中国経済の不利な部分が解消され、中国経済の発展に寄与する仕組みができたともみることができる。アリペイ（支付宝）・ウィチャットペイ（微信支付）のような第三者決済は、信頼できる第三者による「仲介」の役割を重視し、第三者による請負が普遍的に行われてきた中国の伝統的な商慣習にかなうかもしれない（梶谷2018）。しかし、この仕組みは多様な仲介者の機能を巨大企業が吸収していくことにもつながる。加えて、零細な業者による競争が、アリババやテンセントが提供する共通の巨大プラットフォームの上で行われることも、かつてない変化である。それゆえ、これまでの歴史上の制度がそのままの形で持続するとは思えない。

　従来の明清史を中心とする中国経済史研究は、現代中国研究に参照されるような有効なモデルを提供してきた。しかし、現在の中国経済史研究が、こうした現代中国経済の変化に十分に対応し続けているとは言いがたい。現状をふまえつつ、近年の急速な変化にたえうるような、長期的な視野をもった新たな制度やモデルを呈示する時期になってきている。

2　英語圏の研究との関係

グローバル・ヒストリーとカリフォルニア学派

　1990年代以降、世界のグローバル化とともに進んできたグローバル・ヒストリーは、英語圏あるいは欧米におけるそれまでの一国単位の歴史観を大きく変えるものであった。グローバル化が世界経済の中心であったアメリカや西欧を中心に進んできたこともあり、当初は西欧中心的な発想が多かった。ウォーラーステインの世界システム論はその典型であろう。16世紀以降に西欧諸国を中核とする資本主義的世界経済が出現し、その世界システムが周辺となったその他の世界を包摂していくという見方を示したが、そこでは覇権を握っていく西欧を中心に歴史が描かれ、中国を含む他の地域は結果的に受動的な存在となっていた（ウォーラーステイン2013）。ウォーラーステインに限らず、英語圏あるいは欧米における西欧中心史観は根強く、比較史においても西洋の成功とアジアの失敗の原因を探求するような研究が大半を占めていた。

　こうした比較史のあり方の転換に大きな影響を与えたのがビン・ウォンであり、従来の比較史とは異なり、ヨーロッパあるいは西欧を基準とせず、相違よりも類似に着目しつつヨーロッパと中国を比較した。その結果、両者の歴史的径路の類似性と相違点を指摘するとともに、経済面での類似性と政治・社会面での相違を浮き彫りにした（Bin Wong 1997）。

　ビン・ウォンの方法論を受けつつ、西洋中心史観に決定的な衝撃を与え、そして比較経済史研究を大きく進展させたのがポメランツである。ポメランツは比較史研究におけるヨーロッパ中心史観を厳しく批判した。そして西欧とアジアの中核地域について、家畜・人口史・資本蓄積・技術水準・市場経済・家内労働・奢侈的消費・資本主義といった論点から比較し、18世紀末までの段階で西欧の側が優位に立っていなかったと主張した。そのうえで、18世紀にすでに両者が生態環境的な制約に直面していたとし、イギリスをはじめとする西欧は新大陸と石炭資源へのアクセスによってその制約から抜け出したが、中国を含むその他の地域はそれができず、それが「大分岐」の原因となったとみなした（ポメランツ2015）。

　ビン・ウォンやポメランツと前後して、家族構造、中国とインドの国内経済、

中国人・インド人商人の活動、明清時代の中国の国際的な経済活動、中国の農業生産と生活水準、清代における中国の領域拡大、中国の銀需要の世界貿易への刺激といった観点から、18世紀まで西欧と中国の間には大差がなく、ヨーロッパの特殊性を否定して「大分岐」の偶然性を主張する一連の学者が相次いで業績を発表した。彼らが当時カリフォルニア大学システムに所属していたことから、「カリフォルニア学派」とも呼ばれている（Goldstone2000）。この流れは中国の急速な経済発展にも棹さされて急速に進展した。現在、かかる潮流は英語圏の中国史・アジア史研究では主流となっており、その傾向は中国経済史の通史からうかがうこともできる（フォン・グラン2019）。

比較経済史

　ポメランツをはじめとする「カリフォルニア学派」の研究は英語圏のグローバル・ヒストリー、なかんずく経済史研究に衝撃を与え、比較経済史は大きく進展した。西欧と中国・インド・日本を中心とする計量的な比較が進められてきた。その中では実質賃金や生活水準、死亡率などの人口史的な側面が重視されてきた（Benttsson et al 2004, Allen et al. 2005）。日本においても斎藤修が生活水準や分業などの観点から西欧と日本の比較経済史を展開している（斎藤2008）。

　ブロードベリらによって980年〜1850年のヨーロッパと中国の一人当たりGDP推計も行われており、中国が世界をリードしたのは北宋期であり、1750年までにイングランドやオランダなどのヨーロッパの富裕な国と中国の間には大きな差が生じていたという主張がなされるようになっている（Broadberry et al. 2017）。

　また、国際会議を通じてヨーロッパ以外を含めた制度的な比較も活発に行われるようになってきた。所有の概念や所有権、商事紛争処理と契約の履行などとも関連して、法の伝統や制度と長期的な経済変容との関係は焦点の一つであり、ユーラシアにおけるその多様性が示されてきた（Ma et. al. 2011）。18世紀のヨーロッパにおける財政国家の成立が注目されたこともあり、財政も比較史の一つの論点である。16世紀以降のユーラシア諸地域の比較によって、ヨーロッパのより効率的な財政システムが他の地域との分岐を生み出してきたことも議論されている（Yun-Casalilla et. al. 2012）。

英語圏の研究の課題

こうしたカリフォルニア学派や比較経済史の研究について問題がないわけではない（村上2016・岸本2018）。まず、計量的な側面では、19世紀中葉以前、計量分析に使うことのできる信頼性の高いデータが、西欧や日本を除くと著しく不足していることによる。中国もその例外ではない。中国の歴代王朝、特に18世紀の清朝において、一人当たりの税負担は軽かった。清朝の地方政府は徴税を様々な形で富裕な商人、仲介者や有力者、請負人に委託しており、その年の豊凶などに関わりなく、あらかじめ設定した税金が納入されればよかった。そのため、末端を正確に把握しようとする意思と能力に欠けており、正確な人口、耕地面積、生産量を把握することはなかった。西欧のように貿易に対して高関税をかけることもなかったから、貿易額・貿易量を正確に把握する必要もなく、貿易統計も発達しなかった。唯一、米価は政府によって系統的に収集され続けたが、これは社会の安定のために食糧問題が重要視されたためであり、例外的なものである。結局のところ、信頼できる近代的な統計は19世紀半ばの海関統計の成立を待たなければならない。

したがって、19世紀半ばまでの時期の断片的なデータは代表性・信頼性の点で問題があり、中国の地域的な多様性もあって、論者にとって都合のいいデータを用いればポジティブにもネガティブにも結論を出すこともできる。例えば1820年代の松江府のGDP推計と1810年代のオランダとの比較を行い、同様に近代経済であったと結論づける李伯重の研究（李伯重2010）は示唆的ではある。しかし、数値の信頼性の低い地方志という史料と100年以上後の1940年の日本による調査報告を基本データとして推計を行っているため、その数値に依拠することはできない。ブロードベリらの推計も十分な根拠となる数値を得ることができないまま、北宋期や明初期の経済水準を高く評価しすぎている可能性がある。

また、計量的な研究については、そもそもの発想の多くが、依然として西欧経済史から導き出された生活水準や実質賃金、人口などを基準にして比較しているものが多い。これは既存の経済史の文脈で説得力をもたせるためにやむを得ない面はある。しかし、世界が同様の経済発展によって同じように指標を伸ばしていくことが前提となってしまっており、それでは西欧中心主義を脱却で

きたとはいえない。中国のように20世紀になっても国内市場が統合されていない国家と、19世紀には国内の市場統合が進んでいた西欧や日本などの国家を同じように国家の枠組みをもとに比較することも問題がある。

　時代的には、冒頭でもふれたように、19世紀中葉から20世紀中葉までの時期を中国が世界をリードしていなかった特殊な時期として軽視する傾向にある。そして、当該期を扱う場合も、当該期を否定的に評価してきた比較的古い発想の中国の研究に依拠し、清末民国期に光をあてた近年の日本や中国における研究成果はあまり参照されていない。

　「制度」面についての比較経済史は非常に示唆的で、日本と中国の差についても認識が進んでいる。しかし、依然として前提条件を抜きにして各地域が並列されている研究が多い。英語圏における関心からテーマを選択して西洋と他地域をそのまま並べた場合、結局は西欧あるいは日本の発展とその他の地域の遅れを証明することになってしまう可能性もある。どの分野を比較するにしても、歴史的な径路や各地域の社会構造といったことを理解してからでなくては、表面的な比較に留まる。

日本における反応

　こうした動向に対する日本の反応についてみると、日本においては1980年代に始まるアジア経済圏論によって、少なくともアジア経済史に関しては一国史観や西欧中心主義といった英語圏におけるグローバル・ヒストリーの課題の一部はすでに乗り越えられていた。様々な形態・レベルのネットワークの議論は国家の枠を乗り越え、地域的な分析は国家の枠組みを相対化した。そして、欧米商人の東アジアにおける役割が限定的であったことも明らかになり、「西洋の衝撃」は相対化されている。

　しかしながら、日本においてグローバル・ヒストリーの旗手たちの多くは、こうしたアジア経済史の潮流を十分に理解せず、「カリフォルニア学派」を中心とする英語圏の議論を無批判に受容してしまっている。話題となった英文の文献を優先して紹介し、日本におけるアジア研究、とくに中国近代史研究の研究をほとんどふまえていないものも多い。そして、こうした日本版グローバル・ヒストリーの影響は中国史以外に広がってきているから、中国史の側も丁寧に対応する必要が出てきている。

　しかしながら、中国史研究の側は英語圏の研究に対して十分に対応しきれていない。近年の日本における中国史研究はどちらかといえば中国研究の中心となった中国語圏への対応を重視し、英語圏への対応は不十分であった。英語圏への対応が不十分なのは日本の歴史学全体についてもいえるだろう。そのなかで中国経済史を含む日本の経済史研究は積極的に対応してきたといえるが、発進力はまだ弱い状況にある。

　もっとも、英語圏での発信は、英語圏の潮流にただのればいいということではない。英語圏の潮流にのって中国の個性にこだわらないのなら、日本において中国史を研究する意味はない。また、中国を含む世界の多くの国々・地域が欧米あるいは日本とは同じ方向に向かっていないことが日々明らかになっているなかで、中国と欧米の共通性を強調することは、現実的に有効性をもたないことも増えつつある。やはり、中国のユニークさを追求していくことに活路があるように思われる。

3　対応の処方箋

日本の恵まれた環境

　以上のように厳しい状況ばかり書いたが、実のところ、2020年現在の日本は、中国近現代の経済史研究を行うのに非常に恵まれた環境にある。中国史に限らず、歴史学全体で見ても、日本史に次いで研究の入り口部分でのインフラは整っている。中国経済史に関しては近現代史を中心とする先行研究の整理と史料紹介を中心とする入門書（久保2012）や、中国以外を含むアジア経済史の入門書（水島・加藤・久保・島田2015）も刊行されており、近年の研究史の把握は容易である。中国経済史で必須の統計や各種データの紹介とその利用方法についても手掛かりとなる文献がある（久保・加島・木越2016）。また、古代から現代までの経済史の通史も出版されていて、中国経済史全体を見通し、重要なトピックについての理解を深めることができるようになっている（岡本2013）。経済史に限らず、中国近代史全般に関わる学問の心構えを示す入門書もある（岡本・吉澤2012）。以上の文献を読み込むことで、身近に中国経済史研究において頼りになる「研究室の先輩」がいないとしても、中国経済史への参入は容易なはずである。近年は入門書に限らず、中国経済史に関係する中堅・若手の単著の刊

行も多い。これらも先行研究を一層深く理解するためのてがかりと、乗り越えるために熟読していくといいだろう。

　近代史研究に関しては、史料の点でも日本は優位にある。近代史においては、中国語以外のさまざまな外国語文献を利用していくことも必須である。これは時期によっては中国語文献よりも外国語文献の方が記述内容や数値の信頼性が高いという面もあるが、それだけではない。自らの常識では理解出来ない中国の現実とぶつかって衝撃をうけた外国人の目を通じた記録を読むことは、中国人にとっては当たり前の中国経済の特性を把握しやすいという利点をもつ。開港後の19世紀半ばから20世紀中葉までの時期はこうした外国語文献が最も多い時期である。商工業の分野では中国語の習得を放棄して買辦などの仲介者に依存し、租界の中に閉じこもっていた欧米人と異なり、多くの日本人が中国語を習得し、仲介者に依存することなく大陸の中に入り込んで活動した。また戦時の占領地という限界はあるが、満鉄調査部などによって様々な現地調査なども行われた。その結果、外国語文献の中で、日本語文献は多くの領域で最も重要な史料となっており、日本はそのアクセスにおいて優位にたっているといえる。

　そして、日本という参照軸があることも、有利な点である。同じ東アジアで共通する条件も多いにも関わらず、中国と日本は経済発展のあり方のみならず、歴史的径路も政治・社会構造も大きく異なっていることから、さまざまな点から経済と政治・社会の関係を比較することが可能である。ただし、中国も日本もある意味極端な側面をもっているから、日中だけを比較すると、普遍性を欠く危険性があることには注意が必要である。

人民共和国史研究の課題

　1949年以降の人民共和国史研究の状況は大きく異なる。外国人が中国に入り込めず、入り込めた場合も政府の提供したプロパガンダだけを見せられることが多く、1970年代末までは外国語文献が有効な範囲は限られる。現在においても、中国における檔案館へのアクセスも様々な「関係」を利用できる現地の中国人と比較すれば圧倒的に不利であり、実際、中国における檔案を利用した現代史研究の水準は高く、日本人研究者が得意としてきた精緻な研究も行われている。したがって、檔案館ベースの研究を中国人と同じように行おうとしても、中国の研究には到底太刀打ちできない。そして、檔案館の史料公開も一定せず、

外国人に対しては閉鎖的なことも多い。

　一方で、中国以外に拠点を置く学者は現代史研究の公表に関しては特に政治的な制約がないから、その点では恵まれている。したがって、新たな方法論を構築すれば、日本における研究の可能性は広がっている。例えば、史料の字面だけにとらわれず、比較史の観点をいれてより広い視野から史料を位置づけていくことも一つの可能性かもしれない。

制 度 論

　日本のめぐまれたインフラを利用し、実証研究を着実に進めていくことは、もちろん研究者人生の最初の一歩としては重要である。しかしながら、それだけでは国内外において存在意義を示すのは難しいだろう。

　上述のように、現代中国経済に対しては、歴史学の側から現代にも通じるようなモデルを呈示すること、英語圏に対しては中国経済の特殊性を示すことが求められていると考えられる。そのためには中国の制度について考えていくのが一番早い。その際の制度は、慣習や常識、規範、秩序、行動パターンといった非常に幅広いものと考えた方がいいだろう。そして、長期的な制度、短期的な制度など、さまざまな制度があり、時代に応じて変容していくことも念頭におくべきだろう。そして、特定の地域、時代にとらわれない、ある程度抽象的で汎用性の高いモデルを構築していく必要がある。20世紀後半であれば、こうした制度の研究は中国の停滞の原因を示すものとして批判されたかもしれないが、現在であれば逆に中国経済の発展の背景を説明するものとして理解されるだろう。そして、こうした停滞・発展の双方を説明するような汎用性のある制度を求めていく必要がある。

　現代中国経済に対しては歴史的なモデルを呈示することで、現代中国経済の固有の発展の仕方の理解に貢献できることもあるかもしれない。グローバル・ヒストリーに対しては、中国のユニークさを示すことで、これまで軽視されてきた近現代史を含んだ中国理解に貢献できるであろう。

　もっとも、こうしたモデルが中国固有のものか、ある程度普遍的なものかは丁寧に検証が必要なのはいうまでもない。欧米や日本を基準にするという偏見を取り去ると、「中国モデル」が世界的にはありふれている、といったことも多いからである。

関心の拡大

経済史だからといって、経済だけに閉じこもっていては、現代中国経済に対して示唆を与えたり、グローバル・ヒストリーと対話したりするのは難しいだろう。自らのテーマにあわせて、関心を拡大してく努力が必要となる。

「社会経済史」という呼称が示すように、経済行為とは人間の営みであり人間の選択によるものであるから、社会のあり方と密接に関係する。したがって中国社会というものを常に念頭におく必要がある。

社会科学系では、法学への関心も欠かせない。例えば契約や市場のあり方といった点でも、法制度を切り離すことはできないから、中国の法制度の特性との関連についても一定の理解が必要であるから、手掛かりとなる概説書（寺田2018）をおさえておくとよい。

政治史の問題も切り離すことはできない。19世紀半ばの大動乱にともなう清朝の財政難の結果、軍事費の必要性から各レベルの政府は経済行為に対する課税を強めたために、政経不可分の状況になる。この状況は清末、民国期を通じて変わらない。政経不可分の社会主義体制下についてはいうまでもない。

政治と経済の関係についていえば、例えば政治的要因によって経済統計は大きく揺れ動くことにも、注意が必要であるだろう。近代の大半の時期は、戦争や内乱の時代でもあり、それは時として大きな経済的影響を与えていた。日中の政治的対立は短期的なボイコットのみならず、経済関係にも大きな影響を与えている。1949年以降の統計に多くの問題があったことも周知の事実である。

経済史では貿易・産業を取り上げることも多いが、その実物、「モノ」への関心も重要になる。現在の日本においては、農業や漁業はもちろん工業すら非常に遠い存在になってしまったが、実際の「モノ」に関する関心を失ってはならないだろう。是非、農産品や工業製品の生産地におもむき、実物を見て、触れるようにしてほしい。もちろん日本における研究対象の産品の産地も参考になる。

研究対象とする時期もできるだけ広げた方がいい。現状分析すら数十年単位の分析を行っている中で、経済史研究はより長期的な視野が必要となってきている。「制度」を考察するならばなおさらである。その点でも改善すべき事は多い。日本の中国史研究者は特定の時代にこだわって成果をあげてきた。近

代史でいえば、清末の貿易史・商業史と民国以降の工業史の研究にはっきりわかれてきた。とはいえ、清末の貿易や商業だけみていては、その後の時代につながらない。また、民国期は40年にも満たない短い期間であり、経済史であれば、その範囲に留まる必要はない。近代化＝工業化ではないし、今後の中国の産業の発展のあり方からして、単に現在の中国の工業の源流を探しているだけでは物足りなくなるだろう。変化する中国に対応するためにはより長期的にみて、変わらないものを見極めていく必要があるだろう。

　他分野、他地域の研究者との交流も重要になってくる。経済史における日本の人文系と社会科学系の垣根の低さは利用すべきである。日本経済史や西洋経済史の重厚な蓄積はまだまだ「若い」中国経済史にとって参考になることは多い。また現代中国研究者との垣根も高くなく、現代中国研究者とは積極的に交流することが望まれる。

　他地域についていえば、日本において日本史研究が充実しているのはもちろんのことであるが、南米やアフリカ研究が手薄といった偏りがあるとはいえ、世界の多くの地域の研究者がそろっていることも、日本が優位な点であるといえよう。それによって比較史の可能性が開けていることも重要である。グローバル・ヒストリーにおける比較経済史や、日本における「世界史」や「グローバル・ヒストリー」が各地域の歴史を並列させて描いてきたことは、他地域への理解を深め、読者に様々な示唆を与えてくれた。しかし書物全体でみた場合、多数の執筆者の分担執筆になっていて、各地の事例の羅列にとどまり、十分に総論が描けていないものも多い。現在は各地の状況をより理解したうえで高いレベルでの比較史が必要になっているといえるし、経済史はもっとも比較史に適した題材だといえる。こうした比較史によって制度を比較することで、先述の中国の制度が固有なものか、それとも普遍的なものかといった問題にも答えがでてくるだろう。

　日本の優れた交通インフラのお陰で、こうした他分野・他地域の研究者が顔をつきあわせることもそれほど困難ではないことも、他の国には見られない利点であり、比較史も含めて意識して生かしていくべきであろう。

　最後に、経済史においては、数値を提供しなければ、ほとんど説得力をもたないことも多いから、扱う史料の幅を広げ、計量的な側面を常に追究していく必要がある。信頼性の低い数値を使用する必要はないが、データを可能な限り

集めて計量化を試みる努力は欠かせない。その点で、清代における貨幣の使用状況について、契約文書をもとに計量化した研究は参考になる（岸本2019）。

説明の工夫

　研究の意義を示すためには当然説明を工夫する必要がある。経済史で論文を発表する場合には、人文系と社会科学系は前提が異なっており、異なる分野にとっても分かるように明快にしなくてはならない。研究史についてもまったく知らない人に対する丁寧な説明が必要となる。また、特に人文系の研究者にみられる欠陥であるが、自分たちの作法を押しつけないことが重要である。もはや経済史に限らず、書き下しだけで現代日本語訳をつけないような論文は書くべきではないし、史料用語をそのまま使うことも望ましくない。簡体字の使用は慎むのは当然だが、繁体字の使用についても場を考えた方がいいだろう。

　会議での報告も工夫が必要である。国内の会議であっても、それぞれの場にあった見せ方をしなくてはならない。そもそも経済学部と文学部では関心や発想は大きく異なる。見せ方を間違うと、何のための報告か理解されなくなる。あらかじめ、報告する学会には参加しておいて、報告のスタイルを知っておくことも重要であろう。

　国際会議の場合は10分から15分という短時間で日本における学問的背景を全く理解しない人たちにアピールをしなければならなくなるから、より工夫が必要になる。事前のペーパー提出を義務づけられるとしても、実際に読んでくるのはコメンテイターぐらいであることは覚悟する必要がある。そこで、経済史であれば、効果的な図やグラフを示すことが重要になる。また、国際学会で報告したということによる業績稼ぎが目的ならともかく、実際にはそれなりの聴衆に来てもらわなければ参加する意味は薄れてしまう。その点で例えばパネルを組織する場合も報告者の構成やコメンテイターは相当程度練らなければならないし、その際には会議の参加者が経済史のなかでもどういった傾向の研究者が多く、いかなる関心をもっているかといった「市場」の需要についても配慮しなければならない。

おわりに

　以上、筆者の関心のおもむくままに書いてきたが、「どのように対応するか」については、筆者自身も日々自らの力不足を感じつつ試行錯誤しているところであり、全部を直ちに実行しなければならないというものでもないし、適切でないものもあるだろう。そもそも、こうした対応策は個々の研究者が悩みながら考えるものであり、千差万別であるはずだ。

　冒頭ではやや先走った予想をしてみたが、世界の中国経済史研究もどのようになるかについても、まだまだ分からない。中国経済そのものも、どこにいくのかも先が読めない。そうした先が読めない時代だからこそ、「羅針盤」を提供することができれば歴史学研究は有用であると考えるし、特に近現代史の経済史については確信をもってそういうことができる。

　どのような課題に取り組むのかは、各自の自由であるし、最初はある地域の特定の時代の特定のテーマに焦点をあてた細かい研究でも構わない。ただ、それがどんなに面白いのかを他人に伝えることができるような研究でなくては意味がない。修論のうちは、経済史あるいは中国近現代史の研究者に面白いと思ってもらえるようなテーマでもいいかもしれないが、修論だけに終わらない将来性を示すことが重要になる。博論になれば、読者の市場を拡大するためにも、中国史をフィールドとしない読者、特に現代中国の研究者にも興味をもってもらえるような作品に仕上げていくといいだろう。そうした中で、本章で示したさまざまな課題とそれへの対応策をじっくり考えていってもらえれば幸いある。

◆文献一覧

青木正彦、瀧澤弘和・谷口和弘訳（2003）『比較制度分析に向けて（新装版）』NTT 出版（原著は2001年）

Ⅰ.ウォーラーステイン、川北稔訳（2013）『近代世界史ステム』（Ⅰ～Ⅳ）名古屋大学出版会（原著は1974、1980、1989、2011年）

岡崎哲二（1999）『江戸の市場経済――歴史制度分析からみた株仲間』講談社

岡崎哲二（2001）『取引制度の経済史』東京大学出版会

岡本隆司・吉澤誠一郎編（2012）『近代中国研究入門』東京大学出版会

岡本隆司（2013）『中国経済史』名古屋大学出版会

梶谷懐（2011）『現代中国の財政金融システム——グローバル化と中央—地方関係の経済学』名古屋大学出版会

梶谷懐（2016）『日本と中国経済——相互交流と衝突の100年』筑摩書房

梶谷懐（2018）『中国経済講義——統計の信頼性から成長のゆくえまで』中央公論新社

加藤弘之（2013）『「曖昧な制度」としての中国型資本主義』NTT出版

加藤弘之（2016）『中国経済学入門』名古屋大学出版会

加藤弘之・梶谷懐編著（2016）『二重の罠を超えて進む中国型資本主義—「曖昧な制度」の実証分析』ミネルヴァ書房

岸本美緒（2018）「グローバル・ヒストリー論と「カリフォルニア学派」『思想』1127号

岸本美緒（2019）「十九世紀前半における外国銀と中国国内経済」豊岡康史・大橋厚子編『銀の流通と中国・東南アジア』山川出版社

久保亨編（2012）『中国経済史入門』東京大学出版会

久保亨・加島潤・木越義則（2016）『統計でみる中国近現代経済史』東京大学出版会

アブナー・グライフ、岡崎哲二・神取道宏監訳（2009）『比較歴史制度分析』NTT出版（原著は2006年刊行）

斎藤修（2008）『比較経済発展論——歴史的アプローチ』岩波書店

寺田浩明（2018）『中国法制史』東京大学出版会

中兼和津次（2012）『開発経済学と現代中国』名古屋大学出版会

中林真幸（2013）『日本経済の長い近代化——統治と市場、そして組織1600-1970』名古屋大学出版会

D・C・ノース／R・P・トマス、速水融・穐本洋哉（1980）『西欧世界の勃興——新しい経済史の試み』ミネルヴァ書房（原著は1973年刊行）

リチャード・フォン・グラン、山岡由美訳（2019）『中国経済史——古代から19世紀まで』みすず書房、（原著は2016年刊行）

K・ポメランツ、川北稔監訳（2015）『大分岐——中国、ヨーロッパ、そして近代世界経済の形成』名古屋大学出版会（原著は2000年刊行）

丸川知雄（2013）『チャイニーズ・ドリーム——大衆資本主義が世界を変える』筑摩書房

水島司・加藤博・久保亨・島田竜登（2015）『アジア経済史研究入門』名古屋大学出版会

村上衛（2016）「「大分岐」を超えて——K.ポメランツの議論をめぐって」『歴史学研究』949号

李伯重（2010）『中国的早期近代経済——1820年代華亭—婁県地区GDP研究』中華書局

Allen, Robert C., Tommy Bengtsson and Martin Dribe eds. (2005) *Living Standards in the Past: New Perspectives on Well-being in Asia and Europe,* Oxford: Oxford

University Press.

Bengtsson, Tommy, Cameron Campbell, James Z. Lee, et al. (2004) *Life under Pressure, Mortality and Living Standards in Europe and Asia, 1700-1900,* Cambridge, Mass. and London: The MIT Press.

Bin Wong, Roy (1997) *China Transformed: Historical Change and the Limits of European Experience,* Ithaca and London: Cornel University Press.

Broadberry, Stephen, Hanhui Guan and David Daokui Li (2017) "China, Europe and the Great Divergence: A Study in Historical national Acounting, 980-1850," Discussion Papers in Economic and Social History, No. 155, University of Oxford.

Goldstone, Jacek A. (2000) "The Rise of the West - or Not?: A Revision to Socio-economic History", *Sociological Theory,* Vol. 18, No. 2.

Ma, Debin and Jan Luiten Van Zanden, eds. (2011) *Law and Long-Term Economic Change: A Eurasian Perspective,* Stanford: Stanford University Press.

Yun-Casalilla, Bartolomé and Patrick K. O'Brien with Francesco Comín Comín (2012) *The Rise of Fiscal States: A Global History, 1500-1914,* Cambridge: Cambridge University Press.

Ⅱ　思想をめぐって

第5章　通史と歴史像

石 川 　禎 浩

はじめに——この十数年の間に起こったこと

　中国近現代史の通史とは、アプリオリに「近代」「現代」と定義される時代のしかじかの年に、しかじかの出来事が起こったということを、羅列的に書きつづったものではない。少なくとも、通常それだけでは優れた通史とは呼ばれない。中国にとって近代・現代とは如何なる時代だったのかということについて、しっかりとした見識を備え、個々の歴史事象やそれら事象相互の間に、近代なり現代なりの傾向をくみとって記述してこそ、良い通史というものである。だが、そんなトータルな歴史像を持った「通史」には、なかなかお目にかかれない。

　旧稿を執筆したさい、わたしは上記のように述べた。その上で、通史に「トータルな歴史像」を求める声、あるいはその裏返しとして、「歴史像」「歴史観」の不在を嘆く声があることに対し、大要つぎのように述べて居直った。

　　近代化論にせよ、マルクス主義的唯物史観にせよ、トータルな歴史像というものは、世界と人類の過去、現在、未来をトータルに説明できるような法則があるはずだという大前提のもとで構想されるものである。つまり、期待さるべき未来像や共有さるべき現代社会像を含むある種の体系的世界観とセットになって、それへ到る過去の部分が「歴史像」という名のもとに、かつて共有されたのだ。それは往々批判を浴びる「革命史観」とて同様であり、単体としての「革命史観」があったのではなく、唯物主義的世界観の一部として、革命中心の「歴史観」があったのだ。それゆえ、そうした世界観のない時代に、共有さるべき「歴史像」がなくなったことを憂え、それだけをあたかも単体品のごとくに求めるというのは、やや倒立した議論ではないだろうか。

　その上で、旧稿ではいくつかの通史を論評した上で、「トータルな歴史像」

——法則性や普遍性——を備えた、良き通史を求める心性こそが、実は近代に特有の産物であり、逆にそれの変遷をたどることで、研究状況を切り口とする通史が書けるはずだし、できればそれは、自身の恩師の世代の研究者を俎上にのせ、忌憚なく批判できるような若い世代によって生み出されてほしいと念願した。

　あれから十三年、中国近現代史はそうした心性のもとで、どのように書かれてきたのか、そしてどのように書かれるべきかを論じた著作があらわれている。ただし、当時期待したような若手によるものではなく、かつてそうした心性の充満する時代の中で、それに違和感、もしくは反発を抱きながら研究してきたベテラン研究者によるものであった（佐藤2016）。もちろん、総括的通史の善し悪しに世代は関係なしとはいえ、オールド世代によるその通史が、古い歴史観に縛られたまま、それを乗り越えられずにいる若手の不甲斐なさを叱責しているのを目にし、いささか複雑な思いを禁じ得なかった。歴史観がないことは、今もなお問題なのかと。

　上掲書のほかにも、この十数年の間に、あるいは大きな企画として、あるいはコンパクトな新書のような形で、通史の刊行が相次いだが、同時代の世界の他地域との比較検討だけでなく、中国世界の歴史の連続性の中に近現代の中国を置き、中国からみた内外の別のありようと国内の多様性・柔軟性を折り込み、著者の世界観をしっかりと感じ取れる体系的通史も世に問われている。その代表として、岡本隆司のこの数年の一連の著作（岡本2011, 2013, 2016, 2017b, 2018a, 2019a, 2019b）をあげることに異議を挟む者は多くあるまい。極めて多作でありながら、時に日中の比較から、時に世界史から、また時に経済の視角からと、それぞれに重点を変えつつも、中国近代の特質を把握するという眼目にブレはない。内容面では視野の広さ、簡にして要を得た論述スタイル、そして中国を突き放していささか超然とするかの如き風格は、内藤湖南のそれを彷彿とさせる。

　ただし、ほかならぬその岡本も「史観の復権こそ歴史学の急務」と述べている。史観ならあなたがすでに十分なものを提示しているでしょうと言いたいところだが、そんなに簡単なものではないらしい。かれは歴史観の何たるかを説明するにあたって、「神は細部に宿り給う」という言葉を手がかりに、こう述べる。

だからといって、細部がわかればよいというものでもない。こちらがほん
とうに明らかにしたいのは、宿る「神」の方である。宿った「細部」では
ない。宿った先がわからないと、宿り方も宿り主もわからないから、ディ
テールにこだわるのである。……またほんとうに「細部」がわかるために
は、宿った「神」のありよう・正体もわからなくてはならない。そのため
に巨細ともども、漏れなく俎上にのぼせて観察する必要がある。どの細部
が重要なのか、世の事実・事象は無数にあるから、すべてを……対象には
できない。だから、広い視野からの選択眼も問われる。(岡本2018b)

　その上でかれは、歴史家には、無数の細事のうちで、宿った「神」のありよ
うが社会全体も貫徹するほど大事なものは何かを見抜くセンス・能力が必要だ
と述べる。それこそが「史観」である。それを持たぬまま、自分の見たい「細
部」だけを研究することは、結局は容易に既成の観念・イデオロギーへの従属
につながる。歴史家はそれを自覚し、情報過多と「史観不在の時代」である今
こそ、「史観」の復権を目指さねばならない。これが岡本の主張である。

　確たる史観の持ち主と衆目一致するかれにして、なおこの言——もちろん多
分に謙遜の意はあろうが——とは。だが、もしその通りだとすると、ここ十何
年か、日本の中国研究は依然として歴史像を持てぬまま、つまりは同じ状況の
中、堂々巡りをしていたことになる。IT 技術の驚異的進歩のおかげで、研究
資料は迅速に大量に入手できるように、先行研究もたやすく参照できるように
なり、個別の研究は緻密になったかも知れないが、狭い個別領域を越え、社会
や古今を貫通するほどの「神」を見いだすのに必要なもの、すなわち史観の形
成は不在のままだということである。

　ここで言う「神」がどの程度の神なのか、あるいは史観によって、見えてく
る「神」の姿はどう違うのか、あるいは、そもそも本当に「神」かどうかは誰
が判断できるのか……。なお問いは続くだろうが、十数年を経て、なお史観の
不在に同じような懸念が表明されていることにたいして、私たちはどのように
向き合い、どう答えればよいのだろうか。

　以下、旧稿を補訂しつつ、中国近現代史の通史と歴史像の今を考えてみたい。

1   近代という基軸

中国における改革・開放政策をうけ、日本の中国近代史研究は1980年代以降大きく様変わりした。並木頼寿はその特徴を、「中国革命の相対化と中国社会の独自性の再認識」の二点に集約している（並木1993）。今から四半世紀以上も前のことであり、そののち間もなく並木は世を去ったが、かれの指摘した二つの特徴は、ともに大きな趨勢として、この間完全に定着したと言えるだろう。「中国革命の相対化」については、特に21世紀に入ってからの中国および中国共産党の国政運営手法と国際社会でのプレゼンス増大、さらにはその振る舞いが、およそ革命政党のそれとは考えられないものに変容してしまったこともあり、中国革命はあくまでも20世紀前半の中国という磁場に限定して解釈すべき特殊な事象だと認識されるようになった。これについては、「革命中心史観」の問題と合わせて、あとでやや詳しく触れることにする。

他方、「中国社会の独自性の再認識」の方は、これも改めて持ち出す必要すらない自明の課題となっている。かつての歴史観が共有していた社会科学的世界観——世界史の発展と比肩・比較しうる普遍主義的要素を中国にさがそうとする立場——は後景へと退き、それと共に、世界に共通の発展段階論を近代中国に適用せんとする努力もほぼ消滅したのである。そしてそれに代わって研究の大前提へとのし上がったのが、「伝統中国を中心とした東アジア地域の歴史的展開の特殊性」を認識することである（並木1993）。

独自性・特殊性へのこだわり

中国社会の独自性や特殊性を、進歩史観や歴史の発展段階論から離れ、柔軟な視点で見つめ直す。こうした傾向は、独り近代史だけでなく、現代史や現代中国研究の面でも「普遍主義を超えて」というかけ声と共に強調された（加藤2001）。前述の並木は、改革・開放政策がはじまって十数年を経た時点で、中国革命や人民共和国時期の社会主義建設を経てあらわれたとされる「新しい社会」は、「実は中国の歴史の長大な連続のなかでのもっとも最近のできごとであるにすぎなかった」（並木1993）とのべて革命の意義を相対化した。それからさらに四半世紀、流動化、不安定化し続ける社会と鞏固な政治体制の共存がこ

れほど長く続くと、「新社会」として見えたものも、あるいは今私たちの目の前にある中国社会も、人類の歴史におけるある普遍的発展段階の一ステージなどといったものではないと考えざるを得なくなっている。

　周知のように、欧米の学界ではかなり以前から、Modern China（近代中国）に代わって、明代から清末、時には民国時期までを広く指す Late Imperial China（帝政後期中国）が使われており、今なお書名にもよく登場する。この用語が含意するものも、アヘン戦争や辛亥革命など長らく近代史上の節目とされてきた出来事によっても容易に変わらない中国の「独自性」や「特殊性」へのこだわりにほかならないであろう。理屈で言えば、30数年の民国はもとより、人民共和国史ですら70年になるのだから、「中国の歴史の長大な連続のなかでのもっとも最近のできごと」と見なして、Late Imperial China の範疇に組み入れることも不可能ではない。少なくとも、1949年に境界の壁はあるとしても、以前に比べれば、その壁ははるかに低く見積もられるようになっていることだけは確かである（グローブ2009）。

　日本の研究動向においても、久保亨はかねてより、継続的帝国としての中国、国民国家形成を目指す中国、社会主義を標榜する中国という三相があることをふまえた上で、既存の枠組みを越え、20〜21世紀の中国を統一的に捉える作業の必要性を訴えている（久保2004、久保2006）。ここで求められているのは、1949年を挟む「連続」と「非連続」の意味を、より巨視的に比較し、さらには相対化していこうとする思考である。

　この面では、この20年ほどの間に、1949年を挟む断絶・非連続をある程度は認めながらも、文革終息後のいわゆる改革・開放の始まり、つまりは1970年代後半から80年代初めを中国の体制と社会変化のより大きな転換点として重視する見解が打ち出されたことを挙げておく必要があるだろう。すなわち、その当時、研究条件（資料の相次ぐ公刊や一部檔案資料の公開）や研究交流などの面で、たしかに中国は変わったと感じたあの時期である。それが中国史上の大きな区切りになるとは、ほとんどの日本人研究者が感じなかったその時期が、特に社会の変動において、政治面での1949年にも匹敵する大きな節目であることが近年指摘されるようになっている（日本現代中国学会2009）。中国でも、鄧小平の進めた脱文革、改革・開放政策を、毛の革命にも劣らぬ意義と革新性を持つ「第二の革命」と称する見解があり、ある意味でそれは今なお進行中の過程

であるともいえる。

　このように一旦イデオロギーの眼鏡をはずして平心にみるならば、中国革命を共産主義社会実現を最終ゴールとして行われた活動・闘争の連続と考えるのではなく、近代世界への参加と適応という19世紀以降の非西洋世界が等しく直面した課題への、ある文明の長期にわたる対応過程だという巨視的把握すら成り立つようにも思われる。いわゆる世界への対応という課題の中身は、時代におうじて大きく変わるが、そうした長期にわたる対応を中国は過去に何度も経験してきた。すなわち、「中国世界」の誕生と統一という歴史過程に、秦・漢の二朝が必要で、過渡としての秦（14年）と完成としての漢（前後400年）があり、また中華世界の再統一（非漢族の統合）という歴史過程が、同じく過渡としての隋（40年弱）と完成としての唐（300年弱）の二朝を要したように、19世紀以降現在に至る中国の課題とは近代的世界との接合であり、それへの過渡が民国（40年弱）であって、現在の人民共和国はその後継体制であるという見通しすら成り立つかもしれない。

近代性を論じる通史

　一方、「独自性」や「特殊性」を持つことは前提とした上で、「近代」という世界に共通する時代相を19〜20世紀の中国で探求せんとする試みは、個別実証の基礎の上に、着実に厚みを増している。藤谷浩悦は、近代史研究への新たな取り組みの切り口として、①「地域」からの射程、②世界観と「文明化」、③「国家建設」と社会、などのアプローチを挙げ、関連する研究成果を紹介している（藤谷2003）。ここで注目されるのは、社会科学の領域で言われてきた「近代」、すなわち資本主義体制の発展とその拡大、そしてレーニン流の帝国主義世界の成立という脈絡の中に清末以降の中国を包摂していくのではなく、「近代」の特徴を何よりも世界大での均質性の進行、類似性の拡大ととらえ、そうした傾向が世界各地の多様性を凌駕していく時代と考える観点が大きく打ち出されてきたことであろう（飯島2000、吉澤2002）。

　「近代」の特徴をどうとらえ、歴史事象のどこにその「近代性」を見つけていくかという視点を、前世紀の社会科学のような発展史観、唯物史観ではなく、新たな「近代性」の定義によって独自に追求していく傾向は、この二十年ほどの間に豊かな成果を生み出した。大まかにその趨勢を定義づけるならば、固定

的、抽象的な近代像を離れ、「コト」や「モノ」や「場」のそれぞれにかいま見える「近代性」をつむぎ合わせることによって、個人と社会との間に流れる重層的な時間をとりだそうとする試みである。こうしたアプローチは、それが特定の領域に特化する場合、一般に社会史と呼ばれることが多い。たとえば、人力車という「モノ」に即して近代の諸相を捉えようとしたストランド（Strand, D 1989）、疫病や衛生という「コト」に見える近代性を描き出した飯島渉（飯島2000, 2009）、そして天津や上海、奉天（瀋陽）という「場」にこだわった吉澤誠一郎（吉澤2002）、小浜正子（小浜2009）、上田貴子（上田2018）などの近代性を主題とした研究が目を引く。

　「近代性」を強く意識するこうした傾向は、社会史、文化史、医療衛生史などに拡大しながら、そこに階級や人民という言葉で代替される人間集団ではなく、生身の、名前をもった人の存在を感じさせる方向を目指しているように映る。先の「神は細部に……」に引きつけて説明するならば、「近代性」という神がそれらの「コト」や「モノ」や「場」に宿るということになろう。

2　革命中心史観のゆくえ

脱革命史観

　この40年ほどの間に、中国近現代史研究に起こった大きな変化として、革命史観の後退を挙げることに躊躇するものはいまい。研究のオリジナリティを述べるにあたって、つまり研究論文などの前口上の部分で、自らの研究対象が革命史観のもとで如何に不当に扱われたか、あるいは無視されたかをひと通り説明することは、前世紀まではお決まりのようになされていたが、さすがにこの頃では、そんな恨み節のような記述を目にすることもぐっと少なくなった。もはや、「革命史観」を脱することぐらいでは、オリジナリティの証明にはならなくなったわけである。

　この傾向を簡単に振り返ると、通史の分野で言えば、野澤・田中編『講座中国近現代史』全7巻（1978）、姫田光義ほか『中国近現代史』（1982）あたりが、脱革命史観のはしりと言ってよいだろう。その後は、1989年の民主化運動とその弾圧、そして冷戦体制の終結という世界情勢の激変、国内では雑誌『近きに在りて』による「民国史研究」の推進や「民国史観」の提唱（山田1990）

があり、中国革命の相対化を謳う研究傾向、すなわち脱革命史観の流れが決定的となった。南京国民政府の位置が高く——あるいは、あるべき位置に——置かれるようになり、それまでの敵役、あるいは無視されてきた歴史人物に光が当てられるようになった。

　だがその一方で、旧稿で筆者が表明したある種の懸念——革命史観脱却自体が目的化し、いつの間にか、革命史観を脱することは革命史を研究しないことであるかのようになってしまった。さらには共産党や革命や運動、はては政治を扱わないことが革命史観という旧弊を脱することであるかのような短絡的転倒現象が起きたことによって、革命史観の衰退よりもはるかに深刻な事態を招いた面もあるように感じられる。つまりは、その「革命史観」なるものが如何に形成され、歴史記述をどう変えてきたのかについての考察が、結局不十分なままに放置されてしまったのではないだろうか。

　一般に、「革命史観」のもとになったのは、毛沢東の「新民主主義論」（1940年）であり、1945年の中共中央による「若干の歴史的問題に関する決議」だとされる。ただし、それらを挟んで近現代史の事象についての記述がどう変化したのか、そしてそれ以後の代表的歴史著作がどのように書かれてきたのか、個々の事象に関する通説や資料がどのように形成されてきたのか……といったことは、あたかも「革命史観」が用済みになったがゆえに、もう知らなくてもよい問題になっているかの如くである。

　その結果として、「革命史観」を脱したと称する研究が、個々の歴史事象に言及するさい、「革命史観」時代に形成された通説や資料に引きずられていることは、実はまだまだ多い。つまり、簡単に「革命史観」などという言葉ひとつで片付けられない問題がなお多いということである。この点では、中国における「革命史観」の守護者と目される胡喬木と新旧二種の共産党史（『中国共産党的三十年』『中国共産党的七十年』）とのかかわりを分析した坂野良吉・大澤武司の試み（坂野・大澤2004）があることを旧稿では紹介した。もっとも、人にやれと言うばかりでは、無責任の誹りを免れないので、この課題は筆者自身が、例えば中共党史の歴史編纂の問題を対象として、地道に研究を続けている（石川2008、石川2014）。

革命史観の亜種としてのナショナリズム史観

　単純な革命史観はひとり日本において過去のものとなったばかりでなく、本家中国でも、そうした傾向は、公式著作や通俗書ならいざ知らず、学術界では説得力を失いつつある。だが、それの代替物とでも言うべき歴史叙述が、革命史観と同じく、執政党の自己中心的、独善的歴史認識を背景に力を増しつつあることも付け加えておく必要があるだろう。すなわち、21世紀に入り、社会主義イデオロギーに基づいた革命史観の代わりに、「中華ナショナリズム」を土台とする民族復興の物語が、ある種の公定歴史観に換骨奪胎した面があるように思われるのである。中国近代の主要な課題を、不当に失われた主権と民族的尊厳の回復だと設定することによって、かつては否定的、ないしは消極的評価にとどまった体制内外の各種の取り組みを再評価し、中華の復興をめざしてなされた一連の努力の最終的実行者に中国共産党を位置づける歴史観がそれである。

　この歴史観においては、擬製の歴史主体である「中華民族」を近代の変革の主体と位置づけ、革命を含めて、中華の復興につながる運動が歴史叙述の中心となる。むろん、「中華民族」の外衣をまとっていても、そのコア部分には共産党が位置しており、叙述の都合に合わせてかれらの「革命」がおもてに出てくることもあり、その場合、その叙述は往々にしてかつての革命史観と重なって見える。

　他方、かつての革命史観で叙述の外側におかれた改良派や中間勢力も、民族の復興に貢献した「中華民族」の一員として、このナショナリズム史観の物語に加わることができる。その意味では、この史観は一方でかつての革命中心史観とも親和性や整合性を持ちつつ、他方で共産党以外によってなされた試みや運動も取り込むことのできる好都合な「公定のナショナリズム」（ベネディクト・アンダーソン）として、あるいはかつての革命史観の亜種として、中国の歴史観の主流を形成しつつあるということができるであろう。

　ただし、この歴史像は一見するとかつての革命史観の焼き直しに見えながら、対外的な敵を想定して組み立てられるものゆえ、基本的に他国の研究者には支持されず、国際的な共通認識ともなりにくい。それどころか、逆に反発を生じさせ、歴史認識の紛糾を惹起することすら珍しくはない。とりわけ東アジアにおける歴史認識は、それが国民統合における凝固剤の役割を果たしているため、

それをめぐる議論が、歴史学界の枠をこえる波紋や紛糾をまねき、容易に外交事案にまで発展する。かくて、異なる価値観への寛容を大前提とすべき歴史研究の場が、ナショナリズム感情のぶつかり合いの様相を呈し、時に彼我の研究に対する非難の応酬が絶えない一種のアリーナ（闘技場）と化してしまうことは、近年我々が親しく見聞するところである。特に日中関係に関わるテーマの場合は、その傾向が顕著である。

　その一例は、梁啓超が日本亡命中に受けた日本の文化と日本書の影響について見ることができる。革命史観全盛のころ、梁啓超はさほど人気はなかった。戊戌変法の立役者の一人ではあっても、その後の革命運動には否定的態度をとり続けた人だからである。ところが今やかれは、中国近代の啓蒙を一手に引き受けた先進的知識人、すなわち祖国の復活のために知的滋養を供給しつづけた同志、そう「中華民族」の側の一員である。このため、かれが明治日本から受けた知的刺激を強調する研究にたいして、こんな罵声を浴びせる中国人学者があらわれるようになってきた。

　　近年、別に下心をもつ一部の日本の学者が専門の人力と物力を結集し、梁
　　啓超について、特に梁啓超と日本の関係について、盛んに文章を発表し、
　　日本近代史学の中国への影響を好きなように誇張しているが、その裏には
　　陰険な動機が隠されている。嘆かわしいのは、国内の学者がそれと知って
　　か知らずか、日本の“共犯者”となり、それを助長していることである。
　　（李2007：191）

　筆者はこの「専門の人力と物力を結集」した梁啓超研究に加わった一人だが、こうした感情的反発が、他でもない非常に優れた実証研究をしている中国人研究者の口から出てくることに、大きなショックを受けるものである。日本の影響を強調することに、どんな「下心」（用心）や「陰険な動機」があるというのだろう、それと同じ見解を持つ中国の研究者を「共犯者」（幇凶）呼ばわりすることにどれほどの意味があるのだろう。すべては、中国近代の知のありようを日本から切り離し、中国自身の手に取りもどす、そのためには敵の存在が必要であって、彼我の間に明確な一線を引く必要があるということなのか。

　こうした民族的自尊心をむき出しにして外国のものに嚙みつくという自国中心史観の傾向は、中国の情報輸入制限政策——少し前から、ついに日本の学術情報サイトである国立情報学研究所のCiNiiにもアクセスできなくなった——

の影響の下、増えることはあっても、減じることは当面ないだろう。こうした自国中心史観にたいしても、中国史は誰のものなのか、あるいは中国史は誰かのものなのかということを念頭に置きつつ、どう向き合っていくべきなのかを真剣に考えるべき時期に来ているのではないだろうか。

3　中国の近代から「東アジア」の近代へ

「一国中心史観」を乗り越える方途

　自国中心史観を乗り越えること、そのためには、何らかの事象を手がかりにして、近代の広域性を確認し、その広がり、広域世界の中に中国の近代を置き直して見つめるという行為がもとめられるだろう。そのさい、現代の領域観念に強く引きずられがちな「中国」という語に代わって、視座の移動につながる可能性を持つ別の領域概念、すなわち「東アジア」を用いることによって、新たな「史観」を得ようという試みが提唱されている。

　通史を例にとると、「中国史」を中国という固定した領域での出来事・事象に限定せず、否、むしろ「中国」という概念を立てることが、往々にして現時点での中国の主権国家としての領域を古い時代にもあてはめ、それを前提として思考することにつながること、それを見直すための方法が「東アジア」であるというわけである。より柔軟な境域概念で中国を解釈し直そうという模索がこの20年ほどの間に顕著になってきた。ざっと書名だけを挙げてみると、岩波講座では『東アジア近現代通史』（全11巻、和田ほか2011-2012）、およびそのメインの部分をまとめた同名書（上下巻、和田ほか2014）があり、総合的な人物伝集成としては『東アジアの知識人』（全5巻、趙ほか2013-2014）が、さらには日中韓の歴史認識の対立を意識して企画・執筆された『東アジアの近現代史』（全6巻、岡本ほか2017-2018）等々、「東アジア」を冠する通史型著作がこの十年ほどの間に陸続と世に問われている。まさに「東アジア」全盛といってもよい人気ぶりである。

　「東アジア」というとき、通常わたしたちの頭には、中国、韓国・朝鮮、日本など、現在の主権国家群によって形成される領域が思い浮かぶかも知れないが、それを19-20世紀においてみた場合、実はその主権国家間の分界線や外部との境界線は、たちまちかなりぼやけたものになる。それは中華王朝を中核と

して、その周囲に言語や文化、構成民族を異にする緩やかな支配体制が同心円的に広がるアマルガム的空間（あるいは大きな木塊）であるが、これが西洋文明との接触を機に、次第に近代国家化することによって、諸国並立していくことになった。「中国」とは、実はそのアマルガム的塊から「天朝」や「華夷」といった観念、あるいは「宗主権」など、色々なものをそぎ落とすことによって作りだされた人工物、あるいは大きな木塊から人工的に削り出された仏像のごときものだったと考えることができる。それを近代外交史から丁寧に説明したのが、岡本（2017a）であり、文学の面から説明したのが齋藤（2005、2014）である。

　また、こうして国民国家として分立していく過程で生じた東アジアの共存と対立を取り上げ、それを縦軸にして通史にまとめるという意図をハッキリと持っているのが、岡本ほか（2017-2018）の中の中村（2017）である。ただし、「東アジア」という枠組については、その重要構成要素となる韓国において、「民族主義ないしは西洋中心主義にたいする反省と一国史の相対化」の意味を込めて、かなりの影響力と共感とを得たという評価がある一方で、なお実証的論理を提示できずにいるという評もあり（白2009）、広く共有される概念となるためには、よりいっそうの議論の積み重ねと検証が必要とされそうである。

革命に代わる価値と政治文化──「ナショナリズム」「民主」「憲政」

　いわゆる「通史」が、その切り口はひとまず措くとして、宿命的に総合的な記述や形式を迫られるのに対して、同じく政治を主としながらも、中国政治の近現代的課題を「革命」以外に設定し、そこから読み解くスタイルの通史も存在する。これは通史とは言っても、タイムスパンの長い政治文化史、あるいは歴史的射程からする現代中国分析と言ってよいかもしれない。

　この面での注目すべき取り組みとしては、西村成雄（1991、2004）、横山宏章（1996、1997）などの成果をあげることができる。西村は「国家建設」「国民国家」の視点から、ナショナリズムの歴史的形成過程を追い、1930年代に形成された訓政的政治体制（あるいは政党国家体制）と人民共和国の政治システム、政治文化の類似性、段階性を論じ、20世紀中国の政治史を政治文化の面から統合的にとらえ直す視点を打ち出した。また、横山宏章は、指導者や支配政党の変遷にもかかわらず、「根本的体質としての「賢人支配の善政主義」は一貫して

中国政治を拘束している」として、民国体制を素材にその特質と思考回路を描き出している。政治文化の視点から民国・人民共和国を通観する西村、横山の著作は、いずれも「革命史観」への対抗軸として企図されたものである。その後、前述のように、中国における公的な歴史観が革命史観の亜流たる「ナショナリズム」に大きく振れる中、そのナショナリズムの発生と展開を通して、中国近代史を読み解く通史もあらわれるようになった（小野寺2017）。

　同様に、「憲政」、あるいは「リベラリズム」といった政治思想や制度構想を座標軸にして、中国近現代史を通観しようという試みも出ている（水羽2007、石井2015、中村2018a、2018b）。民国時期から、あるいは清朝以前より鞏固に中国政治の骨幹をなしてきた専政的統治に代わる政治原理の模索、もしくは中国の今日的（将来的）な政治課題を、一党独裁や「人による支配」（人治）の見直しと設定する歴史観に基づいて、提起されているものだが、これが近年盛んに論じられていることには、それら研究者の関心の強さ（あるいは民国期にそれらを求める思潮が間違いなくある程度の広がりを持っていたことの発見）もさることながら、「憲政」にしても「リベラリズム」にしても、今日まったく言ってよいほど封殺されていることへの歯がゆさがあるように感じられる。

近年の通史

　旧稿の時点で比較的新しい通史で言えば、並木・井上（1997）や狭間・長崎（1999）があり、旧稿では、それら通史がいわゆる革命中心史観の政治性を意識した上で、特定の史観が発生した所以や歴史叙述自体が政治行為となっていることを、具体的な事例に即して（たとえば近代史上の巨人である曾国藩についての評価が、何を契機にそれぞれの時代にどう変わっていったのか、あるいは国共両党における孫文「三大政策」なるタームがどのように案出されたのか）解説していることを紹介した。その後、菊池（2005）や天児（2004）が「中国の歴史」シリーズの分冊として、それぞれに当時における研究成果を咀嚼し、積極的に取り込んだオーソドックスなスタイルの通史として登場した。

　こうしたスタイルの通史をさらに発展させたのが、岩波新書の中国近現代通史（小島・丸山、1986）の全面的刷新にかかる新シリーズ（吉澤ほか、2010-2017）である。清朝から現代までを5人の著者が分担執筆したこの通史は、それぞれの巻に新知見と新機軸が盛りこまれており、高い評価を受けている。附言すれ

ば、このシリーズの最終巻は、『中国の近現代史をどう見るか』と銘打たれた
総括的評論で、本来はこの通史をさらに一冊に凝縮して通観することを期待さ
れたが、そこで提示されている史観と分析枠組は、研究者にも理解するのが難
しいほど高度に抽象的だったことが惜しまれる。他方、通史の改訂ということ
では、図版・統計などを折り込み、コンパクトにまとまった通史として評価の
高い『図説中国近現代史』が1988年の初刊以来、1993、2002、2009年と改訂を
重ね（池田ほか1988, 1993, 2002, 2009）、2012年には『新図説中国近現代史』（田
中ほか2012）としてさらに増訂されているし、同様に『現代中国の歴史』（久保
ほか2008）も約10年の時の流れの中、つい先ごろ改訂版が刊行されている（久
保ほか2019）。

　他方、より専門性の強い多巻本の通史ということでいえば、4巻本で中国の
20世紀史を分野・主題ごとに扱った『シリーズ 20世紀中国史』を挙げなけれ
ばなるまい（飯島・久保・村田2009）。多人数執筆に起因するバラツキがないわ
けではないが、中国近現代史の分野ごとに、「最新の学問的成果を簡潔に示し」、
「今後の研究課題や手法を展望すること」をうたったこの本を得ることによっ
て、我々は単に20世紀中国についての通史を得ただけでなく、その分野の研究
動向や期待される将来的な研究手法のヒントを得ることができるわけである。
本稿の課題と関心から見た場合に、注目すべきは、日本の研究動向と代表的研
究を三人の編者が論評した同シリーズ第4巻の「日本の20世紀中国史研究」で
あろう。ここでは、戦前の研究にはじまり、敗戦後の中国観の変化、革命史観
の盛衰、そして民国史研究の展開など、日本の中国近代史研究の大まかな趨勢
を示した上で、今後の課題がどこにあるのかということが多くの関連研究の紹
介とともに提示されている。

　附言すれば、中国近現代政治史の通史で、現代中国政治の専門家と近代史研
究のシニア世代の代表の協力のもとに編纂された『概説 中国近現代政治史』
（浅野・川井2012）が、40ページにおよぶ序章（浅野執筆）の中で、中国近現代
史研究における「歴史の捉え方」「近現代史研究の変容」「断絶と連続性」「理
論研究」「革命史観」等々の論点を網羅的に提示し、必要とされる歴史観につ
いても、かなり紙幅を割いて論じている。このほか、1974年に刊行され、長ら
く研究者を目指す若手の必読書であった『近代中国研究入門』（坂野ほか1974）
も、現在の学界の第一線で活躍する中堅学者によって全面改訂版が刊行され、

日中関係や国際情勢、そして大学をとりまく状況も様変わりした現在における歴史研究の課題・方向性が展望されている（岡本・吉澤2012）。

工具書的通史

　上述のさまざまな通史のほかに、これまでの日本の中国学の積み重ねの上に形成されてきた総合的著作として、データや資料集のかたちで提示される近代中国通史があることを最後に言及しておこう。あえて名付ければ、工具書的通史ともいうべきものである。読者諸氏は、中国学という分野が、たとえば古典を読む（読解する）ことに限定してすら膨大な数の工具書を持っていることを知っているであろう。辞書、字典は言うに及ばず、注や疏を調べるための索引や目録など、これらの使い方をマスターするだけでも、かなりの労力と勉学を必要とする。近現代史においても、資料索引、年表、人名辞典、図録、あるいは統計集など、かなりの工具書が日本語で出版されており、日本の中国学が、なんだかんだ言っても、やはり他の領域とは比べものにならないほどの厚みを持っていることを雄弁に物語っている。

　そうした意味では工具書の性質を持ちながら、その扱うデータによって中国近現代という時代を語らせたのが、久保（1995）、狭間ほか（1996）、久保ほか（2016）である。久保らの著書は、近現代中国の経済分野ごとに統計資料を提示し、その指標にもとづいて中国経済史を素描したものである。周知のように、中国史のデータ、特に清末から民国、人民共和国にかけての統計や数字は、それぞれの分野において膨大にあるにはあるのだが、それら数値は統計学的に言って、不完全さを免れなかった。それを補正しつつ大きな傾向を示したのが本書であり、特に1949年の前後を通観するデータを提示したことの意味は大きい。

　一方、狭間ほか（1996）も、同じく政治・社会、財政、産業、金融の諸分野におけるデータを示すことによって、中国近代に定量的アプローチを試みたものである。ただし、データ提示もさることながら、近代における統計のありようから説き起こし、私たちが近代中国の像を描く上で、知っておくべき数値（と言うよりも、より正確には数的根拠）の背景や常識を丁寧に説明したものであり、それ自体が中国近代の社会システムについての概説となっている点に特徴がある。このほかに、工具書的性質を持つ概説書として、資料そのものの状況を近現代史の分野ごとに示した中村ほか（2016）、近年増加と高度化の著しい

デジタル史料などの現状を紹介して、研究の新潮流へのパイロット役をつとめるべく編纂された高田ほか（2010）などもあり、これに近現代史の資料集（代表的な文献を翻訳して収めたもの）である田中（2003）や大型の思想史原典シリーズ（並木ほか2010-2011）などを加えれば、近20年に出された資料集型通史も決して少なくない。

　さらに、この面で触れておくべきは、中国において進展する中華民国史研究とその代表的成果である『中華民国専題史』（全18巻、南京大学出版社、2015）についての論評（日中の学界と研究状況を把握した上での論評）が一冊の本として出版されていることである（川島・中村2019）。学会誌が折々の自国での研究・学界動向を整理して、研究のレビュー、あるいは方向付けをすることは、ほとんどの学術領域でも行われていることであって、取りたてて珍しいことではないが、中国で出された代表的な分野別通史に対して、日本の複数の研究者が日本での研究状況を引証しながら論評し、それを集成して一冊の商業出版書として刊行するということが、果たしてしてほかの分野で可能だろうか。

　民国期の歴史は、言うまでもなく、中国にとってその自己認識にかかわる重要な過去である。その認識が最近の中国学界ではどうなっているのか、それを深く知ることは、研究レビューの域を超える対話と理解、そして内省の試みであり、日本の中国近現代史研究の厚みを示すものとして評価してよいだろう。

「トータルな歴史像」は求めうるのか──終わりなき議論

　以上、旧稿を補訂するという名目で、長々と近年の通史にたいして論評を加えてみた。その上で、やはり本稿冒頭部分で触れた岡本の「歴史観欠乏症」への危機感に立ちもどってみたい。細かい史実を丹念に掘り起こして、そこに歴史の奥深い真実と啓示を見いだすこと、これを歴史家は「神は細部に宿り給う」という至言に托して大事にしてきた。[1]

　これにたいして岡本はいう。こちらがほんとうに明らかにしたいのは、宿る「神」の方である。宿った「細部」ではない。宿った先がわからないと、宿り方も宿り主もわからないから、ディテールにこだわるのである、と（岡本2018b）。その上で、かれは、無数の細事のうち、宿った神のありようが社会全体も貫徹するほど大事なものは何かを見抜くセンス・能力を支えるものが「史観」だと

いう。

　確かにその通りだろう。しかしながら、そんな「史観」はどうすれば手に入るのか。個々の歴史家が努力・精進すれば、次第次第に身につくものなのだろうか。以前であれば、先達に学び、友人らと研鑽しながら歴史研究をすれば、大なり小なりの史観はそれなりに得られた。唯物史観でも、革命中心史観でも、あるいは内藤湖南の「文化史観」でも、出来合いのものがすでにあったからである。だが、戦前日本のさまざまな中国観、あるいは中国歴史像は、結局は中国の本質を見誤り、ひいては日本の対中政策を誤らせたとして、戦後には唾棄された。

　それにとって代わって戦後に普及し、かつ中国自身の歴史認識とも整合的であった唯物史観や革命中心史観も、ある特定の時期でしか通用しないイデオロギーであることに由来する限界ゆえに、20世紀末には神通力をうしなった。「神」が宿っているかどうか、見当もつかぬまま、細部を掘り起こすことに没頭することが横行したのは、そうした史観が軒並み色あせてしまったからではなかったか。あるいは掘れば何か出てくるかも知れない、かりに出てこなくても、細かく掘ってさえいれば、実証主義を標榜していられるという思惑もあったであろう。

　それゆえ、細かく探索することによって自得し、能事足れりとする向きに対して、史観の復権を望む声が上がるわけである。少なくとも岡本にかんする限り、かれがすでにある種の確固とした歴史観を持っており、それがかなりの中国近現代史研究者に影響を及ぼしていることは、認められてよかろう。それは如何にして可能になったかといえば、かれが「歴史観」やその存在がかつて当然視されたこと、そうした歴史観をめぐって戦前戦後の日本で活発な議論が行われたことを一素材として取り上げ、それを切り口にして、日本での中国近現代史の認識——石橋湛山、内藤湖南から谷川道雄まで——の通史（岡本2018a）を描いたことではなかったか。

　ふり返れば、旧稿ではある種の普遍性を持つ史観や通史への希求が、近代に特有の産物であり、逆にそれの変遷をたどることで、研究状況を切り口とする通史が書けるはずだと期待した。そして、自身の恩師、さらにはその上の世代の大先達たちの歴史観・中国観を俎上にのせ、忌憚なく批判・総ざらいする作業こそが、次なる通史・歴史像確立のための重要なステップだと述べたわけだ

が、実は石橋湛山、内藤湖南から谷川道雄までを丹念に読み直し、その過不足を歴史背景とともに説明した岡本（2018a）の作業こそは、巨視的に20世紀の中国史研究のありようを振り返り、私たちの今の立ち位置と今後の行方を呈示するものだったのではなかろうか。内藤らの中国学者を「神」扱いする必要はなかろうが、同書を読めば、かれらが細部に宿り給う「神」をどのように発見し、その史観を構築していったのか、我々はそれを知る手がかりを得ることができるに違いない。

　幸いにして、その後の時代にかんしても、例えば戦後日本の中国研究がどのような思想的・政治的磁場の中でなされたのかを検討すべく、その雰囲気を知る世代の先達にインタビューが試みられ、その記録がまとまった形で刊行されている（平野ほか2011）。つまりは、私たちの研究の来し方行く末を考える素材は、すでに準備されているのであって、これを生かさない手はあるまい。これに続く試みによって、岡本のものをさらに超える史観が生み出されることを期待したい。

　　　　注
　（1）「神は細部に宿り給う」の出典についてはいくつか説があり、もともとは歴史学だけに特化したものではなく、建築・芸術を含む創作全般に関して使われた言葉のようである。本稿はその初出をめぐって議論するものではないので、ここでは歴史研究の至言としてよく言及されるという前提で用いる。

◆文献一覧─────────────────────

浅野亮・川井悟編著『概説　中国近現代政治史』ミネルヴァ書房、2012

天児慧『中国の歴史11　巨龍の胎動　毛沢東 vs 鄧小平』講談社、2004

飯島渉『ペストと近代中国』研文出版、2000

飯島渉『感染症の中国史：公衆衛生と東アジア』中公新書、2009

飯島渉・久保亨・村田雄二郎編『シリーズ　20世紀中国史』全4巻、2009

池田誠ほか『図説中国近現代史』法律文化社、1988（新版1993、第2版2002、第3版2009）

石井知章編『現代中国のリベラリズム思潮：1920年代から2015年まで』藤原書店、2015

石川禎浩「1949年を跨ぐ中国共産党史上の歴史認識問題──いわゆる「西北歴史論争問題」を事例として」（『近きに在りて』53、2008）

石川禎浩「中国共産党による党史資料編纂の歩み──1950年代の雑誌『党史資料』を手

がかりに」(『東洋史研究』73-1、2014)

上田貴子『奉天の近代：移民社会における商会・企業・善堂』京都大学学術出版社、
　　2018

岡本隆司『中国「反日」の源流』講談社選書メチエ、2011（増補版、筑摩学芸文庫、
　　2019a）

岡本隆司『近代中国史』ちくま新書、2013

岡本隆司『中国の論理：歴史から解き明かす』中公新書、2016

岡本隆司『中国の誕生　東アジアの近代外交と国家形成』名古屋大学出版会、2017a

岡本隆司ほか著『東アジアの近現代史　①～⑥』講談社、2017-2018

岡本隆司『近代日本の中国観：石橋湛山・内藤湖南から谷川道雄まで』講談社選書メチ
　　エ、2018a

岡本隆司「歴史の論理：東アジアと日本の運命（第103回）史観の復権こそ歴史学の急
　　務」(『週刊東洋経済』6833、2018b)

岡本隆司『世界史とつなげて学ぶ中国全史』東洋経済新報社、2019b

岡本隆司・吉澤誠一郎編『近代中国研究入門』東京大学出版会、2012

小野寺史郎『中国ナショナリズム──民族と愛国の近現代史』中公新書、2017

加藤弘之「普遍主義を超えて」(『現代中国』75、2001)

川島真・中村元哉編著『中華民国史研究動向──中国と日本の中国近代史理解』晃洋書
　　房、2019

菊池秀明『中国の歴史10　ラストエンペラーと近代中国』講談社、2005

久保亨『中国経済100年のあゆみ──統計資料で見る中国近現代経済史』第 2 版、創研
　　出版、1995

久保亨「中国1949年革命の歴史的位置」(『歴史評論』654、2004)

久保亨「現代」(『中国歴史研究入門』名古屋大学出版会、2006)

久保亨ほか『現代中国の歴史──両岸三地100年のあゆみ』東京大学出版会、2008（第
　　2 版、2019）

久保亨ほか著『統計でみる中国近現代経済史』第2版、東京大学出版会、2016

小島晋治・丸山松幸著『中国近現代史』岩波新書、1986

小浜正子『近代上海の公共性と国家』研文出版、2009

佐藤公彦『中国近現代史はどう書かれるべきか』汲古書院、2016

齋藤希史『漢文脈の近代──清末＝明治の文学圏』名古屋大学出版会、2005

齋藤希史『漢文脈と近代日本』角川文庫、2014

高田幸男ほか『新史料からみる中国現代史──口述・電子化・地方文献』東方書店、
　　2010

田中仁『原典で読む20世紀中国政治史』白帝社、2003

田中仁ほか『新図説　中国近現代史』法律文化社、2012

趙景達ほか編『講座　東アジアの知識人』全5巻、有志舎、2013-2014

中村元哉ほか編『現代中国の起源を探る史料ハンドブック』東方書店、2016

中村元哉『対立と共存の日中関係史：共和国としての中国』講談社、2017

中村元哉『中国、香港、台湾におけるリベラリズム』有志舎、2018a

中村元哉編『憲政から見た現代中国』東京大学出版会、2018b

日本現代中国学会編『新中国の60年——毛沢東から胡錦濤までの連続と不連続』創土社、
　　2009

並木頼寿「日本における中国近代史研究の動向」(『近代中国研究案内』岩波書店、1993)

並木頼寿・井上裕正『世界の歴史19　中華帝国の危機』中央公論社、1997

並木頼寿ほか責任編集『新編 原典中国近代思想史』全7巻、岩波書店、2010-2011

西村成雄『中国ナショナリズムと民主主義——20世紀中国政治史の新たな視界』研文出
　　版、1991

西村成雄『20世紀中国の政治空間：「中華民族的国民国家」の凝集力』青木書店、2004

野澤豊・田中正俊編『講座　中国近現代史』全7巻、東京大学出版会、1978

狭間直樹ほか著『データで見る中国近代史』有斐閣、1996

狭間直樹・長崎暢子『世界の歴史27　自立へ向かうアジア』中央公論新社、1999

坂野正高ほか『中国近代研究入門』東京大学出版会、1974

坂野良吉・大澤武司「中共党史の展開と胡喬木——『中国共産党的三十年』から『中国
　　共産党的七十年』へ」(『上智史学』49、2004)

姫田光義ほか著『中国近現代史』上・下、東京大学出版会、1982

平野健一郎ほか編『インタビュー　戦後日本の中国研究』平凡社、2011

藤谷浩悦「中国近代史研究の動向と課題——日本における研究を中心に」(『歴史評論』
　　638、2003)

白永瑞「韓国の中国認識と中国研究」(『シリーズ　20世紀中国史』第4巻、東京大学出
　　版会、2009)

水羽信男『中国近代のリベラリズム』東方書店、2007

山田辰雄「今こそ民国史観を」(『近きに在りて』17、1990)

横山宏章『中華民国史——専制と民主の相剋』三一書房、1996

横山宏章『中華民国』中公新書、1997

吉澤誠一郎『天津の近代：清末都市における政治文化と社会統合』名古屋大学出版会、
　　2002

吉澤誠一郎ほか『シリーズ中国近現代史　①〜⑥』岩波新書、2010-2017

李孝遷『西方史学在中国的伝播　1882-1949』華東師範大学出版社、2007

リンダ・グローブ「アメリカの中国近現代史研究」(『シリーズ　20世紀中国史』第4巻、

　東京大学出版会、2009)

和田春樹ほか『東アジア近現代通史』全11巻、岩波書店、2010-2011

和田春樹ほか『東アジア近現代通史』上下、岩波現代全書、2014

Strand, David, *Rickshaw Beijing: City People and Politics in the 1920s,* Berkeley: University of California Press, 1989

第6章　歴史・理論・言葉

深　町　英　夫

はじめに

　本章は、「歴史研究と理論」『中国近現代史研究のスタンダード』（田中・飯島 2005）の続編である。筆者は前著で、理論とは歴史研究の一部あるいは一つの側面のことであり、取り立てて歴史研究とは別に理論なるものを想定すべきではないと述べた。とは言え、歴史研究者が常に理論的なことを考えているとは限らない。むしろ、我々が歴史研究の理論的な側面を強く意識するのは、主に次の2つの場合ではなかろうか。1つは自身の歴史認識が「正しい」と判断できる根拠を考えようとする場合であり、今1つは自分の研究をより広い歴史的文脈の中に位置づけようとする場合である。言い換えると、前者は研究の認識論的基礎を考えることであり、後者は研究の潜在的意義を探ることを意味する。本章ではこれらの問題を、少し深く掘り下げて考えてみよう。

1　「正しい」歴史とは？──認識論的基礎

　歴史研究者であれば誰でも、歴史を「正しく」知りたいと願っている。これが、「盧溝橋事件の発端（偶発か陰謀か）」というような、「客観的な真偽」（とりあえずこう言っておく）を検証しやすい課題であれば、実証を徹底することにより具体的な史実を「正しく」認識できる可能性が、相対的に高いと言えよう。しかし、「国民政府は独裁政権だったか」とか、「モダン＝ガールは進歩的だったか」といった抽象的な課題になると、「正しさ」の基準が必ずしも明確ではなく、それ自体が議論の対象となることもある。また、尖閣諸島の領有権のような政治的に敏感な課題をめぐって、日本人と中国人（台湾人を含む？）とが「正しい」認識を共有しうるのだろうか。さらには、「国家／社会」「中央／地方」のような近代的概念を用いて、中国史を「正しく」理解できるのかといっ

た、よりいっそう厄介な課題もある。

　20世紀末、「事実とは言語による解釈である」と唱える「言語論的転回」が、人文・社会諸科学に大きな衝撃を与えたが、日本の歴史学界においては少なからぬ研究者が、これを史実の実在性という自己の存立基盤への挑戦と捉え、概して懐疑的・防御的な反応を示した。全てが解釈にすぎないのであれば、「正しい」歴史認識など求めようがなくなってしまうというわけである（小田中2000；中村2003；猪原2012）。その思想的流行が終息してすでに久しいが、言語論的転回の哲学史的意味を考えてみると、実はこれが微妙に焦点のずれた反応だったと言えるのではなかろうか。なぜなら、このような反発は「実在」を、「認識行為とは（潜在的にですら）無関係に存在する」という、素朴実在論的な意味に解したために生じたからである（それではパラレル＝ワールドだ）。

　だが、「正しい」認識をめぐる哲学の議論は、それほど単純ではない。「知る」とはどういうことか、人間はなぜ・どうやって世界を「知る」ことができるのか、つまり端的に言って「真理」とは何かを探究するのが、哲学の一分野としての認識論である。そこで、我々が歴史認識の「正しさ」とは何かを検討するために、「知る」ということを代表的な幾人かの哲学者がどのように考えてきたのか、ごく簡単に振り返ってみよう。[1]

天上の真理：プラトン

　議論の先に周到な罠を仕掛けておきながら、「私も君と一緒に答えを探したいのだ」とそらっとぼける、ソクラテスの繰り出す平易な質問の数々に対して、相手がいたって常識的な答を返していくと、最終的に「真理は現実の彼岸にある」という、とんでもない思想へと誘い込まれる——このような戯曲形式になっているのが、彼の弟子プラトンのソクラテス対話編だ。こうして、その後2500年にわたり西洋的思惟の骨格を成す、本質／事物（あるいは精神／物質）という二元論的形而上学の枠組が設定された。

　それによれば、人間はある事物を目にすると、地上界に生まれてくる前に天上界で見た、その事物の本質としての「イデア」を想起するという。これは、個々の事物がそのイデアを分有しているからなのだが、感性的に知覚可能な生成流転する地上界の事物と違い、天上界に属する恒久不滅のイデアは理性によってしか認識されない。逆に言えば、イデアの把握に基づかぬ事物の認識は、

「正しい」ものではない。

　例えば、1つ1つの花は色も形も大きさも多種多様で、たとえ同じ種類の花であったとしても、1つとして同じ花はないはずだ。しかし、それらは全て同一の「花のイデア」を共有している。我々はこの花のイデアをあらかじめ知っているからこそ、どんな花を感性的に知覚しても同じように、「これは花だ」と理性的に「正しい」判断を下すことができるというわけなのだ（プラトン2008；プラトン2010；プラトン2013；プラトン2019a；プラトン2019b）。[2]

　想起うんぬんという神秘主義的説明は言うまでもなく、現実の外部により確固とした真実の存在を想定する形而上学自体が、今日では荒唐無稽に思われてしまう。ただ、もし「イデア」を「概念」と置き換えると、これは我々の認識が言葉によってあらかじめ条件づけられているという、後述するような現代哲学の議論に通じるものとなる。そして、本質／事物という枠組は2500年後の今日でも依然として、我々の知的営為がこれに依拠している場合が少なくないことに留意しよう。

　たとえば、「国民政府は独裁政権ではなかった」や、「モダン＝ガールは進歩的ではなかった」、はては「○○国こそが本物の△△主義で、××国の△△主義は偽物だ」にいたるまで、いずれも「真の独裁」・「真の進歩」・「真の△△主義」といった、唯一の抽象的本質をあらかじめ想定した上で、これを個々の具体的事物が分有しているかどうかをめぐり、認識の「正しさ」を議論しているのである。

不可視の真理：カント

　これに対してカントの批判哲学は、我々の認識能力自体を検証したもので、視線を天上界から地上の人間自身へと移したことから、天動説から地動説への転換になぞらえて、コペルニクス的転回と呼ばれる。彼によると、人間の精神（感性・悟性）は先天的にそなえている原理（形式・範疇）にのっとり、経験の中で接する事物の像（「現象」）を描き出しうるのみで、外界に存在する事物そのもの（「物自体」）に、認識能力が到達することは不可能であるという。

　だが、これでは哲学教科書そのままの不親切な表現なので、理解しやすくするために思い切って乱暴な比喩を使おう。人間は一定範囲内の波長を持つ電磁波のみを可視光として知覚しているが（現象）、実際の世界にはそれ以外の不

可視の電磁波が溢れている（物自体）。そして、このような知覚能力は全ての人間に共通するものなので、誰もが同じ世界を見ていることになる（蜜蜂には紫外線が見えて赤色光が見えないと言われるが、それならば人間とは異なる世界を見ていることになる）。

　こうして、カントは現象と物自体という2つの世界を完全に分離する二元論により、主観と客観との関係という認識論上の根本問題に、一応の解決を見出した。依然として「真理は現実の彼岸にある」のだが、その「彼岸」とは天上界ではなくて、理論理性によっては認識できない不可視の「どこか」であり、そこは実践理性に基づき神と不滅の霊魂と自由な精神の存在とが「要請」される、道徳の領域だと考えられる（カント2010-12；カント2013）。[3]

　この二元論は形而上学的性格を残しながらも、人間の認識能力の限界を指摘した点で、後述する現代哲学に通じるものであり、また歴史研究者の行なう実証という作業と、まさにその点で不思議なほどに類似した構造を示している。たとえば、盧溝橋事件の最初の銃撃が誰によるものなのかは、関連する諸史料の比較・対照によって検証されるのだが、相矛盾する各種情報の信憑性は必ずしも自明ではない。

　むしろ、さまざまな史料は相互に比較・対照することにより、それぞれの相対的な信憑性を秤量しうるのみで、史実そのものと直接に対照することによって、絶対的な真実性を確認するのは不可能なのだ。早い話が、その時・その所で行なわれた銃撃という行為自体に、我々は決して到達することができず、それに関するさまざまな情報（史料）を通じて、その行為という対象を推測しうるにすぎない。実を言うと、入門篇で筆者が展開した議論もこのような認識論に依拠しているのだが、これはカントの思想が知性による「正しい」認識の限界を説き、謙虚かつ慎重な認識態度を教えてくれるからなのだ。

粉砕される真理：ニーチェ

　ここで、2500年来の形而上学を一撃の下に粉砕し、現代哲学の出発点となったニーチェを取り上げてみよう。彼は、イデアであれ形相であれ物自体であれ絶対精神であれ、それまで確実・不変の「真理」だと考えられてきたものは全て、生成流転する現世・此岸の生をあるがままに肯定できぬ弱い人間が、来世・彼岸に夢見た救済の幻想にすぎないとして、これを「神は死んだ」の一言で粉

砕した。とは言え、唯物論のように物質的存在を絶対視するのでもなく、事実など存在せず解釈のみが存在するのであり、解釈とは世界に自身の生を刻印しようという、「力への意志」の表れだと説く。

ただし、これには力の過剰に苦しむ強者と力の不足に苦しむ弱者という、2つの場合がある。前者は、直接的な自己肯定の表現として楽観的世界観を描き出すこともあれば、悲観的世界観すらもがこれを恐れぬ力の発散として描き出されることもある。後者は、より力のある者を妬む「ルサンチマン（怨念）」ゆえに、自己が善で他者が悪だという道徳的世界観を抱き、これを通してようやく間接的に自己を肯定する。ただし、ニーチェの説く「力」は現実世界における権力を意味するのではなく（死後この点を歪曲されてナチスの御用哲学となった）、彼がショーペンハウアーから着想を得た、非合理的な生への欲望のことである（ニーチェ 2009a；ニーチェ 2009b；ニーチェ 2010-11；ニーチェ 2019）。[4]

これは後述するソシュールと同じく、我々の認識が一様なものに収斂する必然性がないという恣意性と、それが知性や意志を超えた内なる「力」の支配下にあるという被拘束性との、両方を意味する。そうだとすると、「進んだ我等による啓蒙を通じて、遅れた彼等は文明の恩恵に浴した」という歴史認識（なんと多くの所で聞かれることか！　日本人も韓国人も中国人もイギリス人もフランス人もアメリカ人も、皆そう言っている!!）が、客観的に「正しい」のか否かを論じることには、実はさほど意味がない。

むしろ問われるべきなのは、それらの歴史認識がどのような生の力の表れなのかということだ。繁栄する者の張り溢れる健康の発露なのか、衰弱した者の自分に都合の良い夢を見たいという甘えの露呈なのか、悲惨な現実に耐えられぬ者の恨みがましい復讐の企てなのか──おそらくは、そのいずれでもありうるのだろう。唯一の「真理」を言い当てるという意味での認識の「正しさ」の希求など、多様な誤謬を恐れる怯懦・退嬰にほかならないというニーチェの指摘は、素朴実在論の拠って立つ基盤を完全に否定する。しかし、これではあまりにも面白すぎて、認識の「正しさ」を求める我々の助けにはなりそうにないのだが。

解消される真理：フッサール

そこで口直し（？）に、はるかに真面目なフッサールの現象学を見てみよう。

彼は対象が客観的に実在するかどうかについては、とりあえず括弧に入れて「判断停止」するべきで、その対象が主観的な意識に現れていることだけが、確かなのだと説く（ここまでは先に述べたカントの認識論と似ている）。しかし、この意識は我々の身体という物質を通じた知覚（視角・触覚等）に基づくもので、自己と同じような身体を持つ他者も、同じように世界を意識していると類推される。これを「相互主観性」あるいは「間主観性」と呼び、この点に現象学の独自性がある。そして、そのような他者との意思疎通により、主観的認識の妥当性が確認されると、ここに共同化された主観という形で、一定の客観性が獲得されることになる。

　たとえば、私が公園を散歩中に一羽の鳥を見つけて、「あ、鳥だ」と口走るだけでは、まだ主観的な判断にすぎず、もしかしたら私の錯覚なのかもしれない。しかし、偶然すれ違った見知らぬ人がそれを耳にして、「本当だ、鳥ですね」と相槌を打ってくれれば、「この二人の間では」という限定つきで、客観的な事実となるのだ。これは「真理」が、客体において主体が発見すべき恒久的な実体から、客体をめぐって主体同士の間で形成されるべき、暫時的な合意へと解消されたことを意味する（フッサール2001；フッサール2012-15）。[5]

　ここでもニーチェと同様に、対象を正確に言い当てるという意味での、「正しい」認識の可能性は否定されているのだが、意思疎通による共同体的主観の形成という社会的実践により、認識の恣意性に歯止めがかけられる。だから、「自分たちの祖先から受け継いできた大きな物語としての歴史に対する認識は、当然国家・国民によって異なるものであり、民族が違えば共有できない」という態度は、他者との合意を形成すべき意思疎通を拒否することで、自身の認識の「正しさ」を自ら限定しているのである（新しい歴史教科書をつくる会2003：221）。民族としての過去をめぐる「感情記憶」が、その歴史認識を強く規定していることは間違いないが、他国民との意思疎通によって形成されたものではないという点で、その「正しさ」は限定的なものにとどまらざるをえない（孫歌2002）。

創出される真理：ソシュール

　すると、意思疎通に用いられる言語が、認識の「正しさ」を大きく規定することに気づかされる。このような意識から言語への検討対象の移行こそが、冒

頭に述べた言語論的転回の本質であり、その中で注目されたのが構造主義・記号学の祖、ソシュールの言語学だった。彼によると、人間は分節化（全体を部分に区切る）された言語構造として、世界を描き出す能力（「ランガージュ」）を持つ。しかし、言葉＝記号（「シーニュ」）を構成する、音声（「シニフィアン」）と意味（「シニフィエ」）との関係は恣意的で、たとえば同じ物を「りんご」と呼ぶか "pínguǒ" と呼ぶか "apple" と呼ぶかは、各言語共同体内での約束事にすぎない。

　また、このような社会的言語規則（「ラング」）が、世界を分節化する方法も恣意的で、日本語が「ぶり」と「はまち」を区別するが、"early" も "fast" も「はやい」と言い、中国語が "饅頭" と "包子" を区別するが、「くらい」も「くろい」も "黒" と言い、英語が "sheep" と "mutton" を区別するが、"熱" も "辣" も "hot" と言うのは、それぞれの語彙＝分節化の構造を通じて、微妙に違う世界を見ていることを意味する。（この「語彙」を「イデア」と置き換えれば、現代版イデア論となる。すると、日本人と中国人とイギリス人とは、各々別の天界から同じ地上に降りてきた？）。我々が世界を認識・表現する個別的発話行為（「パロール」）は、このような言語の構造にがんじがらめに縛られているとも言えるし、それに基づき勝手気ままに世界を描き出しているとも言える。

　これを上述の現象学と合わせて考えるならば、認識が「正しい」か否かとは、対象をあるがままに描写しているか否かという、絶対的な正否（○か×か）のことではなく、それが他者によってどの程度に整合的だと判断されるか（30%か70%か）という、相対的な説明可能性のことなのだとわかる（この辺はなにやら量子力学の不確定性原理に似ている）。言い換えると、「真理」とはラングを共有する者同士の間で、説得力を持つパロールとして創出されるべき、暫時的な合意を意味するのである（ソシュール2016）。

　このようにソシュール言語学は、我々が言語によって行なう認識行為の根源に潜む、恣意性と被拘束性という表裏一体を成す２つの側面を示唆するものである。つまり、我々は世界を「どのようにでも認識できる」と同時に、「このようにしか認識できない」のだ。ところが上述の通り、言語論的転回に対して日本の歴史研究者は、前者の側面への警戒を示す傾向が強く、後者の側面に必ずしも十分な注意が払われてこなかった。

　中国研究において近代的概念を用いることの難点はここにあり、もしそれら

の語の使用を避けるとしても、それに替わるより説得力のある語彙を提起するのでなければ、かえって避けられている言葉を顕在化させることにより、既存の分節構造を再生産すらしてしまうのだ（公共放送で「ルー×ックキュー×」を「立体パズル」と、きわめて不自然に言い換えるように）。

　むしろ今日では、「国家／社会」といった近代的語彙を用いずに、歴史研究を行なうのが困難であるという現実が、逆にその分析概念としての有効性を示すものであることを、我々は直視しよう。ただし、その際に緻密かつ慎重な定義が必要であるのは、もちろん言うまでもない。ことほどさように、説得力のある言葉を練り上げるという具体的実践──終わりのない試行錯誤によって、「正しい」歴史認識を求め続けることこそが、歴史研究者の仕事なのだと言うべきであろう。

2　研究を理論化する──潜在的意義

　歴史研究者であれば誰でも、具体的な研究課題がある。年がら年じゅう「近代化とは？」とか、「人類史の本質は？」といった、抽象的な問題ばかり考えている歴史学者は、まずいない。しかし、自己の研究対象がその周辺領域とどのような関係にあるか、一切考えないという者も皆無だろう。そして、自己の研究領域にひきこもるのではなく、より広い視野から研究対象を見てみると、それが新しい姿で立ち現れてきて、従来は気づかなかった多くの事に目を開かれるという経験は、歴史研究者なら誰しも持っている。

　だから、自己の研究対象が歴史の他の部分や側面と、どのように関係しているのかを考えることは、歴史研究において単に有用であるどころか、むしろ必要不可欠ですらあると言うべきだろう。そして、これこそ筆者が前著で用いた、「広い範囲を低い倍率で描いた地図」という比喩が意味するところの、歴史を叙述する言葉の抽象度を上げる、つまりは理論化の端緒にほかならないのだ。前節で述べた通り、唯一絶対の「正しい」歴史認識などは存在しないのだから、研究者の数だけ歴史を抽象的に叙述する言葉＝理論があると言ってもよい。むしろ、そのような理論化＝表現の仕方にこそ、歴史研究者としての独自性が表れるとも言えよう。

　そこで本節では一つの例題として、時代区分という古くて新しい課題を取り

上げよう。歴史叙述の抽象度を上げていけば、最終的には年表に帰着するのだが、単に代表的な事件を羅列するのでない限り、複数の時代に歴史を区分することになる。しかも、機械的に100年毎や1000年毎に区切るというのではなく、ある時代がそれ以前とは異なる内実を持ち、両者の間に通時的な変化が生じたと考えるからこそ、時代区分を行なうのである。そのために研究者は、政治体制や階級関係や価値観念や科学技術といった、なんらかの指標を必然的に選び取ることになるのだが、それこそ歴史の理論化にほからない。

近代史／現代史／民国史

　かつて中国（大陸）の歴史学界において、近代史の起点が1840年（アヘン戦争）、現代史の起点が1919年（五・四運動）に求められのたは、それ自体が一つの歴史観を表明するものであった。すなわち、帝国主義の圧迫が進行した「近代」と、それを中国人民の抵抗が克服した「現代」とを対比したのだが、後者の研究は「（中国共産）党史」という体制教学を中核に据えており、その到達点が1949年（人民共和国成立）という、大団円であったことは言うまでもない。

　しかし、今世紀に入る頃から中国の歴史学界では、1949年を近代と現代の画期とする歴史観が主流となって、今日に至る（張海鵬2009）。それは単に人民共和国の時代が半世紀を過ぎたことにもよるが、必ずしも上記の歴史観には基づかない「民国史」という領域設定が、次第に定着したのと表裏一体を成す現象である。その結果、「民国史」と既存の「党史」との間に微妙な緊張関係が生じたのは、近現代史研究が現実政治から完全には自由でありえない、中国の歴史学界の事情を示していよう（川島・中村2019）。

　この間に日本の歴史学界においても、やや似た現象が進行していた。[6] 1980年に日本国際政治学会の外郭団体として、関東地区の研究者により民国史研究会が組織され、中国大陸の影響を受けて日本でも主流だった「革命史観」に対し、新たに「民国史観」を提唱する。上記の通り「革命史観」は共産党を主役として、人民共和国の成立を必然的な歴史の帰結と見なし、国民党（その前身を含む）は良くて脇役、悪ければ悪役とされ、その他の政治勢力や人物についても、共産党との距離や関係により位置づけ・性格づけを行なっていた。これに対して「民国史観」は、研究者が少なくとも暫時的に価値判断を停止し、あらゆる勢力や人物に対して一定の距離を保ち、それらを同一の土台に置くべきことを

主張したのである。

　約言するならば、「革命史観」は後世の勝者が遡及的に正統を創出する、通時的な歴史観であるのに対して、「民国史観」は後世の学者が当時の多様な勢力・個人を同等に俯瞰する、共時的な歴史観である。1990年代以後に民国史研究会は活動を停止したが、近代中国政治史を研究する日本の学者の間で、「民国史観」は次第に主流となるとともに、外交史・思想史・社会史といった領域にも影響を及ぼし、民国期の歴史に対する全面な検討が開始されたのである（山田1990）。

　このような状況下で日本の歴史学界では、中国近現代史の通時的な展開・方向をめぐる見解にも、根本的な変化が生じた。すなわち、社会主義へ向かう階級闘争を基調とした「革命史観」と異なり、「民国史観」はどちらかと言えば脱政治的で、むしろ物質的発展に重点を置く「近代化」に関心を抱いたのである。これは言うまでもなく、冷戦終結と改革・開放という当時の時代状況がもたらしたもので、経済成長において資本主義が社会主義に勝利し、後者は人類が前者を経て必然的に到達すべき段階とは、もはや見なされえなくなったのである。

　政治史研究の焦点も、前近代的王朝国家が近代的国民国家に変容する過程へと移り、清朝・北洋派・国民党・共産党の間の政権交替は、相互の闘争により次第に淘汰されていった敵対関係というより、むしろ同一の任務を共有・伝達していった継承関係と捉えられるようになった。こうして21世紀の今日、日本の歴史学界では「民国史観」が「革命史観」に取って代わって、すでに久しい（この点において、上述の通り両者の併存関係が続いている中国大陸とは異なる）。

　しかし、「革命史観」の克服という（脱）政治的な意味から離れた場合、民国史という領域を設定する理由は、はたしてどこにあるのだろう。換言すれば、中華民国期を一つの時代として区分することに、どのような意義があるのだろう。以下、二通りの「民国史」を考えてみよう。

断代史：広義の民国史

　一つ目は、清朝史（清代史）と中華人民共和国史との間に位置する時期として、中華民国史という領域を設定する断代史で、これを便宜的に広義の民国史と呼ぼう。では中華民国期とは、どのような時代だったのか。そして、中国の

全体的な近代化過程に、どう民国期は位置づけられるのか。

　20世期末から多くの研究者が、民国期の政治・外交・経済・社会・文化に関して、新発見の史料（さまざまな言語の檔案や日記・書籍・新聞・雑誌等）を利用して検討を行ない、それに基づいて当時の中国の全体的な「時代像」を描き出してきた。その結果、以前のような革命の進展を主軸とした、一面的で単調な嫌いのある時代描写とは異なり、広義の民国史研究は千変万化かつ複雑怪奇だが、多種多様な発展の可能性をはらんだ「民国期中国（Republican China）」の様相を提示したのである（野澤1995；久保2003；川島・中村2019）。

　しかし、ここで忘れることができないのは、当時の各領域に出現した事物は必ずしも民国期に特有のものではなく、すでに清朝末期に発生していたり、あるいは人民共和国期にも存在していたことだ。たとえば、憲法・議会・政党といった制度や、条約・租界・租借地・植民地、さらには機械生産や大衆運動、学校教育やマス＝メディア等である。それならば中国近現代史において、1912年から1949年までの中華民国期を、一つの時代として区分する意味はどこにあるのか。換言すれば、中国近現代史上において中華民国という政権の興亡を画期とすることが、単なる便宜的な措置としてのほかに、なぜ可能あるいは必要なのか。

国家史：狭義の民国史

　ここで狭義の民国史、すなわち国家史としてのそれを考察してみよう。いったい中華民国とは、どのような国家だったのか。民国政治史は通常、前期（1912〜1928年、北京政府期・北洋政権期）と後期（1928〜1949年、南京（および重慶）政府期・国民党政権期）に分けられ、その間に国民革命による政権交替が発生したものの、国家としての連続性は否定されていない。「国父」孫文が首唱・主導した（とされる）辛亥革命以来の「法統」に基づき、国民党は自身が当然あるべき民国の執政者だと主張しており、その点において新国家を樹立した共産党とは決定的に異なる。

　これは袁世凱の帝制や張勲の復辟といった、君主制が短期的・暫時的に回復された時期を除けば、中華民国の根本的な「国是」が少なくとも原則としては、北洋派と国民党により一貫して保持・共有されていたことを意味する。この「国是」とは、中華民国が樹立しようとした政治体制にほかならない。それゆ

えに、中華民国の政治体制およびその具現化としての法規や制度、さらにはそれらの運用こそが、狭義の民国史研究が探求・検討すべき、中心的な課題なのである。

　ここでは政治体制を、「国家の社会に対する統治の制度化された構造」と定義し、その４つの要素として、正統性の来源と強制力の配置（統治行為の心理的・物理的基礎）、および政治参加と社会編制の方式（国家・社会間の双方向関係）を設定しよう（深町2009：6-10）。そして、中華民国の政治体制が中国の近代化過程で持った意義を、この４つの要素ごとに検討してみたい。

（1）正 統 性

　一般的に言って、国家政府が社会人民を統治する正統性原理は、近代化に伴って「神聖な意志」から「人民の負託」へと転じる。「君上は神聖・尊厳にして侵犯すべからず」という一条を含む、1908年の清朝「欽定憲法大綱」とは異なり、1912年の「中華民国臨時約法」は「中華民国の主権は国民全体に属す」と規定した。そして、この一条は1914年の「中華民国約法」に始まり、1923年の「中華民国憲法」や1931年の「訓政時期約法」を経て、1947年の「中華民国憲法」に至るまで、一貫して継承・遵守されたのである。このような「国民主権」理念は他方で、人民共和国憲法の「階級独裁」的性質とも異なっている。

（2）政治参加

　正統性原理の転換に伴って、近代国家の中央・地方政府は段階的に、社会各層人民の参加を容認することが求められる。20世紀前半に中国でも徐々に代議制（間接民主制）が採用されたが、1909年の諮議局議員選挙に始まり、1947年の国民大会代表・立法院委員選挙に至るまで、その範囲は制限選挙から普通選挙へと拡大し、その方式は地域代表制に職能代表制が附加された。人民共和国期の人民代表大会・人民政治協商会議と、これら清末・民国期の参政機構との間には、一定程度の連続性があるとはいうものの、共産党が前衛党として具有・発揮する指導権力は、非常に重要な独特の要素である（国民党も「暫時的前衛党」の役割を演じようと試みたが）。

（3）社会編制

　近代国家は社会から調達する物的・人的資源を、可能な限り増大させる必要があり、そのために政府は各種産業を振興するとともに、人民に対して教育・徴兵（後者は政治参加の制度化と表裏一体を成す）を実施する。このような経済・文化・軍事政策は清末新政の主要な内容であっただけでなく、民国期にも中央・地方当局により積極的に推進された。なお、国民党の経済政策に強い影響を与えた、孫文の「平均地権」や「節制資本」といった思想は、人民共和国期の計画経済（指令経済とも称される）のように、国家が社会に全面的な統制を行なうよう説くものではない。

（4）強　制　力

　国家は近代化の過程において可能な限り、社会の民間暴力を制圧することにより強制力の独占を図るのだが、これは政府の人民に対する編制の一側面である。しかし、清末新政は兵力の分散を引き起こしたため、辛亥革命は「地域社会による王朝国家の瓜分」という方式で勃発・進行し、中華民国は「半連邦」国家とならざるをえなかった。そのため、国民党は国民革命軍を編制して、この局面を「軍政」により克服することを図ったものの、その目標を最終的に実現したのは共産党の人民解放軍である。それゆえに現代中国の軍隊は、「党軍／国軍」という二面性を帯びることになった。

　総じて言うならば、中華民国とは一つの「事業（enterprise）」であり、現代の語彙により解釈するならば、その目標は中国に西洋型民主主義体制を樹立することだった。孫文（および国民党）は「五権憲法」・「直接民権」を唱え、それにより主観的には「破天荒」な政体の樹立を企図したが、これらの制度は権力分立・代議政治といった原則を完全に否定したわけではなく、それらに若干の補充を行なったと解すべきだろう。「軍政→訓政→憲政」の「三序」も、このような代議政体の樹立を目標とする段階的構想であった。

　しかし、この事業が結局は中国大陸において失敗に終わり、中華民国政府は台湾に移転した後、20世紀末の民主化を経て今日に至る。中華民国という「事業」が21世紀の今日において、台湾という島においてのみ実現していることの歴史的な意義は、決して小さくなかろう。

おわりに

　筆者は以前ある論文を書いていた時に、ヘーゲルの「即自的」（自身と対立し
これを否定する契機を持たぬ状態で、弁証法の第一段階）という概念を用いるか否
か、文字通りそのことだけを考えて、夏の幾日かを研究室で過ごしたことがあ
る（結果として使わなかった）。歴史研究における理論というのは、百科事典や
流行思潮から適当に拾ってきて当てはめれば、それで全てが説明できてしまう
というような、お手軽な道具では決してない。それは、十分な史料の収集・吟
味に基く「史実」の実証や、古今東西のさまざまな他者との対話を通じて、自
分なりの歴史像を描き出すべく練り上げられていく、研究者一人一人の言葉そ
のものなのである。

　では、どうすればそのような言葉を練り上げられるのか？　それには、春も
夏も秋も冬も、朝から晩まで、「推敲」の故事よろしく、言葉を練る――それ
しかない。仕事と私生活との区別も、いきおい曖昧になるだろう。「語人を驚
かさずんば死すとも休まじ」の心意気で、脳漿を搾るように、言葉を練る、練
る、練る――それしかない。健闘を祈る。

注
（1）　以下に取り上げる哲学者達は、概説書や辞典・事典（ましてや本章！）で上っ
　　　面をなぞるだけですませる（外題学問という）のではなく、その著作を1冊で
　　　も実際に読んでみてほしい。それぞれの項目・注釈で挙げた代表的な著作は、
　　　ほとんどが文庫版で手に入るものだし、大学図書館ならまず間違いなく見つか
　　　るだろう。ぜひとも彼等の思想と向かい合いながら、「正しい」認識とは何か
　　　を自分で考え、頭の体操をしてほしい。無論、さまざまな哲学上の述語や概念
　　　を仕込んでおいて、なんらかの機会に単なる衒学的なこけおどしとして使った
　　　り、「プラトニック＝ラブとは少年愛のことだ」とか、「ニーチェはカントをケー
　　　ニヒスベルク（今のカリーニングラード）の中国人と呼んだ」といったトリビ
　　　アを仕入れて、話の種に用いたりすることも可能なのだが。
（2）　ソクラテスのカマトト産婆術の手際は、原著を読んで実際に体感してみてほ
　　　しい。なお、アリストテレス（1959〜61）は、プラトンの神がかったイデア論
　　　の毒を、現実主義で中和している分だけ退屈だが、「形相／質量」という対概
　　　念は、二元論的枠組みを現代の常識で納得するのに効果的。彼によると、個物

は無規定的な素材としての質料と、それを規定してその個物たらしめる型としての形相とから成る。たとえば一体の銅像の場合、その像の形が形相で、青銅が質料である。

（3）　同じ理想主義者でも名文家のプラトンとは対照的に、哲学的悪文のお手本のような退屈きわまりないカントの著作を通読するのには、少なからぬ苦痛を伴うことを覚悟せねばならないが、これも頭の体操の醍醐味だと思って観念しよう（だから「観念論」と言うのか？）。前2著と併せて三大批判と称されるカント（1964）は、2つの世界の分裂という理論的矛盾の辻褄を合わせるために執筆された、やや言い訳がましい美論・自然論。なお、真面目すぎて分裂したカントとは異なり、「絶対精神」なる怪物によって全てを一元論的に説明するという無茶をしたのが、きわめて野心的なヘーゲル（2018）である。

（4）　彼の著作は多くが短いアフォリズム（箴言）を集めた形式で非常に読みやすく、しかも詩人哲学者とも称されるその名文は刺激的で、難解・退屈を極める通常の哲学書とは異なり、まず倦きることはない。ショーペンハウアー（2004）は、人間が満たされることのない生への意志を癒すために、美しい世界を表象すると説く。

（5）　真面目な分だけニーチェとは打って変わって、彼の著作はカント並みに難解・退屈なのを覚悟せねばならない。この現象学という方法を継承したハイデガー（2013）や、メルロ＝ポンティ（1982）あたりになると、ますます子守唄になりやすいので注意。

（6）　以下は深町（2018）に基づく。

（7）　日本の学界では「清朝史」と「清代史」の意味するところは異なり、これまでの一般的・全体的な傾向として、前者は満文資料を利用して朝廷や統治機構を分析する政治・制度史の研究、後者は漢文資料に依拠して漢族地域を対象とする社会・経済史の研究が、それぞれ主流であったとされる（杉山2008）。

◆文献一覧

新しい歴史教科書をつくる会（2003）『新しい歴史教科書を「つくる会」が問う日本のビジョン』扶桑社

アリストテレス（1959〜61）『形而上学』（出隆訳）岩波文庫

猪原透（2012）「認識論と実証研究を架橋する——言語論的転回以後の歴史学と「理解の方法」」『新しい歴史学のために』第280号

小田中直樹（2000）「言語論的転回と歴史学」『史学雑誌』第109編第9号

川島真・中村元哉（2019）『中華民国史研究の動向——中国と日本の中国近代史理解』晃洋書房

カント（1964）『判断力批判』（篠田英雄訳）岩波文庫

─── （2010-12）『純粋理性批判』（中山元訳）光文社古典新訳文庫

─── （2013）『実践理性批判』（中山元訳）光文社古典新訳文庫

久保亨（2003）「今日の中華民国史研究」『歴史学研究』第779号

ショーペンハウアー（2004）『意志と表象としての世界』（西尾幹二訳）中公クラシック
　　ス

杉山清彦（2008）「大清帝国史研究の現在──日本における概況と展望」『東洋文化研究』
　　第10号

ソシュール（2016）『新訳ソシュール一般言語学講義』（町田健訳）研究社

孫歌（2002）『アジアを語ることのジレンマ──知の共同空間を求めて』岩波書店

田中比呂志・飯島渉（2005）『中国近現代史研究のスタンダード──卒業論文を書く』
　　研文出版

張海鵬（2009）「以1949為中国近代史和現代史分界」中国社会科学院近代史研究所
　　（http://zgjds.ccnu.edu.cn/info/1017/2442.htm）

中村政則（2003）「言語論的転回以後の歴史学」『歴史学研究』第779号

ニーチェ（2009a）『善悪の彼岸』（中山元訳）光文社古典新訳文庫

─── （2009b）『道徳の系譜学』（中山元訳）光文社古典新訳文庫

─── （2010-11）『ツァラトゥストラ』（丘沢静也訳）光文社古典新訳文庫

─── （2019）『偶像の黄昏』（村井則夫訳）河出文庫

野澤豊（1995）『日本の中華民国史研究』汲古書院

ハイデガー（2013）『存在と時間』（熊野純彦訳）岩波文庫

フッサール（2001）『デカルト的省察』（浜渦辰二訳）岩波文庫

─── （2012-15）『間主観性の現象学』（浜渦辰二・山口一郎訳）ちくま学芸文庫

深町英夫（2009）『中国政治体制100年──何が求められてきたのか』中央大学出版部

─── （2018）「何為民国史」澎湃網
　　（https://www.thepaper.cn/newsDetail_forward_2043429）

プラトン（2008）『国家』（藤沢令夫訳）岩波文庫

─── （2010）『パイドロス』（藤沢令夫訳）岩波文庫

─── （2013）『饗宴』（中澤務訳）光文社古典新訳文庫

─── （2019a）『テアイテトス』（渡辺邦夫訳）光文社古典新訳文庫

─── （2019b）『パイドン』（納富信留訳）光文社古典新訳文庫

ヘーゲル（2018）『精神現象学』（熊野純彦訳）ちくま学芸文庫

メルロ＝ポンティ（1982）『知覚の現象学』（中島盛夫訳）法政大学出版局

山田辰雄（1990）「今こそ民国史観を」『近きに在りて』第17号

第7章　明清史研究と近現代史研究

岡　本　隆　司

はじめに

　本書の編者から寄稿依頼をうけた当初のテーマは、「明清史から見た中国近現代史研究」であった。「明清史研究から中国近現代史研究はどのように見られており、なにが問題だと考えられているのだろうか」という趣旨に共鳴を覚えて、即座に執筆をお引き受けした。だがこの趣旨を自分なりに考えていくうち、しだいに違和感を覚え、ついに勝手ながら、上のような表題にさしかえさせていただいた。以上はごく個人的な内幕ばなしにすぎないけれど、この経過がこれから述べることを、ある意味ですべて物語っている。

　「明清史から見た」という課題設定が含意するのは、明清史研究の成果の高みから、近現代史研究に発する何らかの批判・提言であって、それ自体はすでに、少なからず存在する。たとえば、「近代中国像は歪んでいないか」という議論（溝口1989：199〜268頁）は、その典型であろう。編者の側が期待したのは、おそらくこのような立場と論法をもって、近現代史研究の最新の現状を分析し、課題を提起するにあった、と思われる。しかしながらここは、あえてそうしないことにした。

　ひとつはまず、筆者自身の事情からである。筆者の関心は清末を中心とする。清末というのは一面で清代史、一面で近代史であるから、明清史も近現代史も勉強せざるをえなかったし、たしかにいわゆる明清史の範疇でも、文章を書いたことがある。けれどもその軸足は、やはり近現代史にあって、その立場からすれば、「明清史から見た中国近現代史研究」はとても書けない。書けば、多分に偏った告発と弁護に陥るおそれがある。偏るだけならまだしも、過誤を犯す危険すらあろう。じっさい、つとめて自戒のうえで書いたはずのこの文章でも、ご覧のとおりそうした臭気芬々たるものになってしまった。

　いまひとつは、偏りは偏りと自覚しながらみなおすと、「明清史から見た」

という課題を設定すること自体に、ある種の先入主があるように思いいたったからである。こうした発想・議論を当然として疑わないことのほうに、関心をかきたてられた。「明清史」という範疇「から」一方的に「見」ることが、命題として成り立ちうるのか。そこを追究したほうが、いっそう広い視野から「近現代史」の研究を位置づけることができよう。

　もちろん自らも、いったんは「明清史から見た中国近現代史研究」に賛同したのだから、先入主の例にもれない。省みてそこに暗黙の前提となっているのは、明清史研究と近現代史研究を截然と分かって別のものとみなし、かつそれを自明ととらえる観念である。しかしそれはほんとうであろうか。なぜそうした観念となったのだろうか。

1　出　　発

　そもそも明清史研究と近現代史研究は、その出発点から大きな共通性をもつ。それを一言でいうなら、ともに日本の伝統的な中国史学の外にあった、ということである。

　漢学の伝統をうけ、シナ学・東洋史という形ではじまった日本の中国史学は、明代史を「つまらない」と度外視する一方で、清代史・近代史はなお同時代史・時事論であって、研究の対象ではなかった。草創者の那珂通世・内藤湖南が、その意味で象徴的である。前者は通史で宋代までを描いて（那珂1938）、元代の研究に生涯を捧げたし（那珂1907）、後者の「近世史」講義もやはり、元代で終わっている（内藤1969）。明治のシナ学が清朝考証学を模範とし、その清朝考証学は明代の学問を蔑視し、それが得意とした実用的な、同時代史たる掌故の学を忌避していた、という事情も、影響を及ぼしたのかもしれない。ともかく、明代以降を対象とする中国史研究は、いわゆるシナ学と断絶していた、というところをおさえておく必要がある。

　明清史研究・近現代史研究が本格的に始まるのは、戦後になってからである。すなわちそれは当初より、濃厚に戦後の中国史学の色彩を帯びていた、中国「停滞論」の打破をめざすものだった、ということになろう。この方向性は伝統的中国史学の圏内にあった研究領域で、既存の史観とのあいだに摩擦を生じ、いわゆる時代区分論争を導いてゆく。ところが明清史と近現代史の研究では、

ともにある事象の性格づけをめぐる論争はおこっても、そのなかで時代区分を
論争することは、やはりなかった。

　たしかに明清時代を「中国史論争」の範疇に入れる向きもあるし、そう考え
るほうがむしろ普通かもしれない。しかしそれが該当するのは、たとえば「郷
紳」「商品生産」などにあって、時代区分論争といえそうなのは、明末清初
「古代」終焉論しかみいだせず、それもほかの時代と整合していない（谷川1993）
ところが、何とも示唆的である。それは近現代史研究と同じく、伝統的な中国
史学の圏外にあったことの裏返しであろう。

　そうした事情は両者いずれも、中国からの史観・論点の直輸入という側面が
もっとも強い研究領域だったことを意味する。ごく大づかみにいって、マルク
ス的・毛沢東的な発展段階論を中国史にも適用し、「封建社会」のなか「資本
主義」の「萌芽」はみられたけれども、それは西洋の侵略で、正常な発展をと
げなかった、完全な植民地とはならない一方で「封建社会」から脱していない
「半植民地半封建社会」となった、という歴史過程を想定した。明清史のほう
は、その「資本主義萌芽」という問題意識のもと、社会経済史の研究を志向す
る。近現代史は「半植民地半封建社会」というテーゼをうけいれ、それを克服
してゆく革命の主体が形成される過程の研究が主流となった。その動向を一言
でまとめるのは困難だが、やはり政治思想史研究が中心をなすといえよう。こ
こに明清史と近現代史の研究に通ずる観念と両者を分かつ発想も由来している
わけである。

　　　2　　分　　　岐

明清史研究の展開

　かくて出発した明清史研究と近現代史研究は、それぞれの道をたどってゆく。
前者は社会経済史研究が盛行して、土地制度・徭役制度・商品生産・商業発展
などを追究した。なかんづく賦役制度史の研究は、それ自体が精緻をきわめる
とともに、あらたな展開をうみだしはじめる。すなわち賦役制度にかかわる紳
士の存在に対する着眼、いわゆる郷紳支配論の展開であり、そこからさらに、
そうした地域エリートを中心とする「地域社会」論、そして社会史の研究に発
展していくのである。そうした転換に位置する研究が、たとえば重田徳の一連

の論考（重田1975）であって、その所説の当否は別にして、底流をなす尖鋭な
問題意識と論理構築は、熟読玩味に値する。

　それなら明清史研究は、まったく社会経済史一本槍だったのかといえば、決
してそうではない。全体として、社会経済史にくらべれば、それ以外が低調だっ
たことは否めないけれども、上に述べたような社会経済史とは異なる動向が、
むしろ明清史研究の発展を決定づける。その最たるものが、いわゆる清朝史研
究であり、雍正時代史研究である。前者は入関以前・八旗制度を中心とした、
いわば政治社会史研究と位置づけるべきもので、日本では内藤湖南以来の伝統
をもつ。後者はいうまでもなく、戦後まもなく『雍正硃批諭旨』研究を中核に
展開したものである。この両者を一身に体現した安部健夫の大作が、なお不朽
の名著としての光を放っている（安部1971）。いずれも「資本主義萌芽」の視角
から独立した、日本独自の研究展開であって、その成果がいわば戦後の主流た
る社会経済史研究と切り結び、かつまた補いあうことによって、明清史研究は
長足の進歩をとげたといってよい。いやしくも中国史研究を志すなら、自分の
ポジションを知るため、最低限の責務として、ある意味では対極にあり、別の
意味では補完する、共通して晦渋きわまりない重田徳と安部健夫の著述を、徹
底的に読むことが必要であろう。

近現代史研究の展開

　これに対し、近現代史研究は政治思想史を中心に、清末時期を変革論の性格
にもとづいて洋務・変法・革命の段階に、民国時期の段階を中国共産党の役割
と影響によって区切った枠組が通用した。そのなかにおいては、すこぶる精緻
な実証研究が進展した、といってよい。洋務・変法・革命それぞれの思想・党
派・運動・政策の形成、あるいはその離合集散の展開は、順調な研究深化をみ
せたし、近代史のいわばクライマックスたる辛亥革命・五四運動の研究は、い
まさらいうまでもなかろう。それ以降の国民革命・抗日戦争の研究も断じて低
調ではなく、高いレヴェルの成果をほこった。

　にもかかわらず、ここに列挙した若干のトピックが雄弁に物語っているよう
に、研究全体を規定したのは、中華人民共和国の成立に帰結する革命史観であ
り、いささか語弊はあろうが、中国からの借り物の視角と論点を一般的前提と
して疑わなかった。そこに日本独自の観点・課題の発見と、それにもとづく研

究の展開はみられない。主流たる政治思想史はもとより、決して少数とはいえない社会経済史研究で、それがむしろ特徴的である。農工商業それぞれにおいて、「半植民地半封建社会」論に依拠した地主農民・工業化・「買辦」研究が行われ、結論はたがいに異なるにしても、現実政治に由来する視点・評価という前提は、共通していた。当時の代表的な研究（波多野1961、狭間1964、田中1973）を読み比べてみれば、そのあたりの事情がみてとれる。

　それでも個別研究の成果が、内外で相対的に高度なうちは、近現代史研究もまだ安心できたわけだが、視角と論点を同じくしていては、研究の良否を決定するのは、史料の有無・多少と読解力に帰する。外国人たるわれわれがその点において、中国の、中国人の研究に劣ること、火を見るより明らかであって、中国での史料情況・研究環境がかわると、たちまち日本の中国近現代史研究は、その存在意義にかかわる情況になってくる。それはとりわけ、戊戌変法や辛亥革命の政治史を中心として、すでに深刻である。

転回と「挑戦」

　他方、明清史研究はその独自の展開を加速させてきた。1980年代以降の研究動向の転回は、そうした背景をもって生まれたものである。長期的な社会・経済構造とその変容をあつかう研究は、それまで注目の外にあった課題を設定しつつ、いっそうの分化・深化・進展をみせ、時期的な範囲でみても、もはや明清時代にとどまらなかった。それまでアヘン戦争で截然と分かたれてきた近代史の領域をも、視野に収めてくる。典型的なテーマをあげれば、物価・市場（岸本1997、山本2002）、通貨・財政（黒田1994、岩井2004）、宗族・移民（上田1995、山田1995）などがある。このあたりの動向は、以下の引用文につきていよう。

　　社会・経済的な問題を研究すると、政治史で一般に用いられている時代区分を適用できないことが、すぐに明らかになる。例えば「近代」中国はアヘン戦争から、あるいは一七九三年のマカートニー使節団から始まるという考えは、何の役にも立たない。同様に、一六四四年に清朝の成立したことや、一九一一年の辛亥革命も、重要な転換点とは見なせない。……本書のために研究を始めた当初は、明代まで遡ろうとは思ってもいなかった。しかし、近代前期の社会・経済的変化を理解するためには、原形となる構

造や制度にも言及しなければならないことが、すぐに明らかになった。……
十六世紀は中国史における一つの時代の出発点であると思われたからであ
る。それは、さまざまな社会的変化が相互に関連しつつ弾みをつけた時期
であり、その後二〇〇年以上にわたって、社会の様相全体を決定的に変容
させた時期である。商品経済と貨幣経済が進展し、海外との貿易が発達し、
社会階級間の伝統的な区分が崩壊し、文盲率が低下し、人口が急増した。
（イーストマン1994：「前言」3〜5頁）

　それはなにも社会経済史の研究にかぎらない。近現代史研究の主流たる政治
思想史の領域からも、直截に批判が投げかけられ（溝口1989）、近現代史研究は
これに対してすら、必ずしも有効な反論ができなかった（久保田1985、本野1986：
223頁）ところに問題の深刻さがある。近現代史研究はこうした明清史研究か
らの「挑戦」を、脅威に考えなくてはならないところにまで追い込まれた（本
野1990）。
　以後の近現代史研究は、現在にいたるまで個別細分化がすすんでいる。新た
な史料・視角・題目を追うに忙しく、それと並行して、革命史観をとなえるこ
とも皆無にひとしくなった。しかしそれは、現代中国およびその史学界の変貌
と歩調をあわせたものであって、テーマ選定や発想の様式は、依然かわってい
ない。二十年ちかく前に直面した事態は、細分化がすすむ領域の内外で、ひそ
かに再生産をくりかえしてきたのではないだろうか。

3　近現代史研究をとりまくもの

　このように、今なお「挑戦」に応えたとはいえぬ情況にあっては、「明清史
から見た」近現代史研究の課題を、あげつらって論じることが急務にみえるの
も、もっともである。近現代史研究にはたしかに課題は多いし、それを真摯に
考えなくてはならぬ。それはいうまでもないことだ。しかし問題は、近現代史
研究のなかだけにあるわけではない。

「近代」と「独自性」
　先に述べたように、明清史研究と近現代史研究はともに、日本のシナ学的伝

統の圏外にあったもので、同じ母胎から生まれた双生児ともいうべき共通した面が濃厚にある。にもかかわらず、ほとんどの人にとって、両者を別とみなすのがあたりまえであった。つまりその考え方じたい、両者を截然と分かつものそれ自体を、学界が、近現代史のみならず中国史研究全体が、あまり深く考えたことはなかったのである。

　たしかに「近代」の画期を再考する、あるいはそれに類したことが、これまでになされないわけではなかった。しかしそれは、アヘン戦争をア・プリオリに中国近代の開始ととらえる、中国直輸入の考え方への疑念にすぎない。「近代」の存在とそのありようは、いわば自明であった。問題の根源はそこにこそ、存するように思われる。

　たとえばアジア史、中国史全体を睥睨する一代の碩学で、かつシナ学の学統を承継し、時代区分論争の一方の雄でもあった宮崎市定の議論が、そのあたりの事情を雄弁に物語る。その時代区分論は、ヨーロッパ流の古代・中世・近代の三分法を克服した、四分法を創設したと誇るものであるが、しかしそのもっとも新しい、「近代」に相当する「最近世」の内容は、きわめて貧しい。かれ自身のなかでその画期が、容易にアヘン戦争から辛亥革命へ移動できる、というところ（宮崎1977：85〜86頁）に、そうした事情が露呈している。その点は、かれ自ら率直に表明する。

　　　私は歴代の中で近代史にいちばん弱いからである。この事実は同時に私が
　　　近代史に対してあまり強い関心を持たなかったに由る。そもそも私が中国
　　　史に興味をもつのは、その独自性に魅力を感ずるからである。この中国独
　　　自の歴史の性質を明かにしたい、というのが私の素願である。ところが中
　　　国は近代化すれば、同時にその独自性を失って、以後は世界史の中に埋没
　　　して了わねばならぬ。（宮崎1993：397頁）

この述懐のもつ意味は、かなり重い。おそらく大多数の中国史家は、多かれ少なかれ、同様の思いをもっているであろうからである。

　中国の「独自性」というのは、中国をア・プリオリに他の文明と区別して追究してきた、日本伝統のシナ学的な思考法をひきついだものである。また別の事例でいえば、いわゆる「中国に即したアプローチ」（コーエン1988）にも通ず

る。日本でこの考え方が話題となり、それに対する好意とほのかな優越感をもったのも、アメリカ学界への関心を別にすれば、そのあたりに理由がある。

　そうした思考様式が結果し、現象したのは、伝統的なシナ学・中国史研究の「アプローチ」ですくいきれない事象・論点を、それぞれの時代的範疇において、自分の頭でいかに考えるか、そうした発想と作業の欠落である。ここで具体的にいえば、王朝国家・官僚制度・士大夫社会を中心に、シナ学とテーマ的に関連が深く、重なり合う局面が多い明清史と、必ずしもそればかりでは成り立たず、完結しえない近現代史との断裂である。上述のように「中国史論争」のなかに明清史は入っても、近現代史をあえて入れようとしないのが、それを象徴する。シナ学的伝統をうけつぐことのできる問題関心が、そなわっているかどうかに、採否の基準があるからである。

　そうした伝統が近現代史研究に、全然なかったわけではない。たとえば、外交史的な清朝史研究の接続継承、あるいは明治・大正・昭和の時事論としての、清末史や民国論の活用など、いまからみれば、その手がかりは確かにあったのである。しかし当時は、「近代」的な「停滞論」打破の目標から、ほとんど一顧だにされなかった。史実解釈・理論適用の適否をめぐって議論・論争になっていたならまだしも、史観の異同、いな優劣・正邪ということで、往々にして切り捨てられてしまった。「支那人に代って支那の為めに考へた」「支那論」（内藤1972）や明清近代を貫く厖大な「外交史」（矢野1926／1928／1930／1937）、「経済の社会態制」論（村松1949）に対する処遇、評価などは、その最たるものである。近現代史はもとより、他の時代の研究者も、それに何ら異をとなえることはなかった。

　こうした態度が、普遍的な「近代」とシナ学的な「独自性」の存否・濃淡に深くかかわっているのは、贅言を要すまい。その意味で、アヘン戦争を画期とする中国直輸入の考え方は、日本人の思考法・学問伝統とはじめから平仄が合っていた。ア・プリオリな「近代」の設定とア・プリオリな「独自性」の設定とは、表裏一体の関係にある。

あなたまかせの近現代史

　明代・清代までは、シナ学的な「独自性」のある中国というものを前提にできるのに対し、近現代史は普遍的な「近代」に「埋没」してしまうから、シナ

学的な意識と関心のままでは通用しない。だからできない、やらない、関知しない。日本人中国史家の心理と発想と思考を、ごく乱暴に整理するなら、そういうことになる。中国近現代史を外側から「近現代史」と枠づけるものが、「独自性」のシナ学に踟躇してしまって、近現代史をみるに不可欠な、世界史的な普遍性との接続を怠ってきた。いいかえるならば、大多数の中国史家は、近現代史を、あなたまかせ、にしてきたのである。

　明清史研究が近現代史をとりあげる場合、ほぼ例外なく明清史で研究蓄積のある事物・論題にかかわっている。中国「基体論」（溝口1989：50〜66頁）は、その典型であろう。しかし近現代史研究は、それだけでは成立しない。誰が議論するにせよ、意識するとせざるとにかかわらず、明清史研究の限界と弱点を棚上げにし、長所にのみ依拠して、近現代史研究の価値と苦悩をみず、短所をのみあげつらう、という論理になっていないであろうか。その背後に厳存するのは、日本の中国史学の伝統、いな宿弊そのものである。落伍した、「歪んで」いる近現代史研究の現状は、誰よりも当事者が責任を負わなくてはならない。しかしその責任は、当事者まかせにしてきた、世界に冠たる日本の中国史研究・中国史家も、同時に免れることはできない。

　糾弾・断罪の場ではないのだから、このような論告まがいの言い方は顰蹙をまぬかれまい。しかしここで求められるのは、根本的な思考様式の転換である。穏当を欠く言辞に失しても、そこはやむをえないところであろう。いかに学際的な、国際的な討論の場がもうけられても、実践するほうの発想・思考が旧態依然のままでは、なんの意味もない。いわんとするところは、中国近現代史研究を孤立せしめず、中国史の軌道で考えると同時に、世界史の広がりでも考える、それを形式ではなく、個々人が切実に感じとって実践する、そのことにつきる。

　史料のありようにしろ史実の論点にしろ研究の方法にしろ、ある局面ではすでに明清史と近代史の研究は貫通している。そうであれば、近現代史研究がかかえる明清史研究との対比的課題は、当然、逆もなりたちうる。明清時代にはない事象を、在来のものとの関係において、どのようにみればよいのか、中国における西洋近代を、長いタイムスパンでどう考えるか、中国史における、「近代」とは何であるのか、その意味をいかに考えればよいのか、という論点を、たとえば問いかけることができよう。こうした問題意識において、明清史

研究は、いな近現代史研究も、どれほどシナ学的「独自性」、「中国に即したアプローチ」、もっと端的にいいかえれば、中華史観を克服しているであろうか。

4　明清史と近現代史のあいだ

政治史と経済史

　もちろんそんな問題は、まだまだ大きすぎるといえよう。考える足がかりとしては、やはり双方それぞれが、主たる考察対象として、いわば棲み分けてきた、経済史と政治史の境界あたりを考えるところから、始めるのも一法であろう。そうした観点からみると、以下の議論はきわめて示唆に富む。

　　がんらい中国社会は古来政治と経済が不分離の関係にあった。ときの王朝
　　の政治性格はその経済社会体制に深刻な影響を与えたことに留意すべきで
　　あろう。……とも角も元・明・清の三朝はもはや中国史の範疇ではないの
　　である。それは普遍史として、例えば東アジア史、さらに端的には世界史
　　を以て理解さるべきもののように思える。（三田村1972：「はしがき」4頁）

とりわけ冒頭のセンテンスは、中国史の史料をあつかってきた者にとっては、誰しもうなづける所論である。しかしたとえば、さきのイーストマンの引用と矛盾した議論になっているところ、いいかえれば、この指摘を真摯にうけとめ、実践してきたものが、ほとんど皆無であった、という点に、問題の根深さがあるというべきだろう。

　その実践をさまたげてきたものは、中国というごく狭い範疇にかぎっても、共通の認識が指摘できる。すなわち空間的には「国家と社会」、時代的には「伝統と近代」という二分法的史観であり、両者はもちろん無関係ではない。

二分法的史観

　まず前者に着眼すれば、これは周知のとおり、内藤湖南の時事論から導きだされた枠組であるが、その直接の取材元が、民国期の社会であることを忘れてはならない（内藤1972）。矢野仁一の言葉を借りれば、「動く支那」「動かざる支那」（矢野1936）となろうし、さらにいいかえれば、短期的な政治変動と長期的

な社会変容、ダイナミックな事件継起とスタティックな制度推移になろう。このように表現すれば、すでに中国史を貫く大問題なのであって、何も明清史・近現代史の研究にかぎらない。内藤湖南は「国家と社会」が「遊離」していたという。中国史研究はこれまで、いわばその枠組を忠実に守って、この両者に対する研究を「遊離」させてきた。最近の明清史研究においても、多くが社会経済に対置して、「国家」という抽象概念をア・プリオリに用いがちなのは、そうした情況を示すものであろう。

　「国家と社会」が「遊離」していることと、両者の研究が遊離することとは、まったく別の問題であるはずだが、そうなっていたのが実情なのである。「遊離」というより、それぞれを解明するだけで手に余っていた、というべきであろうか。この両者のあいだ、媒介するところをいかに描写するか、そこに今後の研究の要諦があるといって過言ではない。

　そしてそれは、第二の「伝統と近代」という問題にも直結する。明清史研究が社会経済史に、近現代史研究が政治思想史に、おおむねその対象を分けてきたというのは、つまり時系列的にみた「伝統」と「近代」が、期せずしてそれぞれ「社会」と「国家」を担当するかたちをとっていたにひとしい。「社会」の研究と「国家」の研究が「遊離」しているということは、とりもなおさず「伝統」の研究と「近代」の研究が有機的に連関してこなかったことを意味している。たとえば近現代史研究において、袁世凱の、孫文の、あるいは南京国民政府の評価が、大きく否定的・肯定的に揺れてきたのは、「近代」を基準とするかたわらで、「伝統」的な要素を閑却してきたところに一因があろう。

「伝統」と「近代」

　そもそも「伝統」も「近代」も、ごく便宜的な概念である。多くのばあい、西洋近代が世界をおおった時代において、それに必ずしも親和しない、各地固有在来の事物を「伝統」という名辞で括っただけのことである。「伝統」の内容は何か、「近代」とは何か、両者の実際の関係は、どのようなものか。それは整理のための概念規定・二分法とは別に考えなくてはならない。そこで想起すべきは、明清時代という「伝統」中国と西洋「近代」の形成との時代的な並行であり、両者の共時的関係である。そうした問題意識は、必ずしも中国史の文脈ではないけれども、以下の引用文を読むだけで十分に体得できよう。

> 伝統というと、われわれは往々にして古い昔から変わらずに存在してきた
> ものと思いがちであるが、それはたいていの場合誤っている。……伝統が
> 古い時代から存続してきたものと捉えることが誤りであるとすると、伝統
> と近代を対立させて考えることも誤りである。というのは伝統というもの
> は、近代に先立つほんの二世紀くらいの間に生まれた新しいものだったか
> らであり、近代のはじまる一九世紀は、伝統が全社会的な規模で定着しつ
> つある時代だったからである。……近代という時代が伝統的なものを解消
> していくのではなく、むしろ伝統なるものをより明確に意識化させ、それ
> を強化していきさえする側面がある……（宮嶋1995：212、215頁）

こうした視角はたとえば、「共時性」の認識では経済史的な「近世」概念の提
唱（岸本1998）があり、通時的にみたものとして、「火葬」問題の概観（宮崎
1995）、「善堂史」を軸とする厖大な社会史研究（夫馬1997）がある。これらを
あわせ読むと、からみあう「伝統」と「近代」が具体的・立体的なイメージで
浮かんでこよう。

　このように共時的認識を保ちつつ、通時的に史実をみなおすさい、いまひと
つ想起すべきは、「清末はウェスタン・インパクトを経由せる明末（嘉靖・万暦
以降清初まで）であり、明末とはそれを経由せざる清末である」という、あま
りにも有名な碩学の名言である。これは「思想史の本質的局面」（島田2002：54
頁）における、ごく限定的な言説にすぎない。だがその趣旨は、直説法的にも
「中国の伝統思想を近代と連結した」（狭間2002：646頁）ものであって、あらゆ
る局面に通用しそうである。歴史のなかで時代を問うのであれば、思想を存立
させうる社会との関係、その変革、それと相互作用をもつ政治変動・経済景況
との関連が、当然のことながら視野に入ってくるからである。だとすれば、こ
のばあいの「ウェスタン・インパクト」「伝統」「近代」の存在と内容と関係を
いかにみるか、という問いがとりあげなくてはならない。

　筆者には思想を語る資格もなければ、その背景となる事物を総体的に論じる
力量もない。けれども大まかな史実をたどるだけで、考え方の手がかりくらい
は、ただちに明白となろう。たとえば、「ウェスタン・インパクトを経由せ」
ざる明末は、結社が党争をみちびき、王朝の滅亡・交代という史実経過となっ

たのに対し、「それを経由せ」る清末は、断代史観でいえば類似の経過をたどりながら、歴史学的な概念でいえば変法・革命となった。「伝統」中国（明末清初）と「近代」中国（清末民初）との異同、端的にいえば中国史と世界史の関連性という問題が、そこにうかびあがってくる。「西洋」・「近代」もしくは「伝統」・「中国」にしかないと理念化された事象を、いかに世界のひろがりのなかで、相互に連関させて把握してゆくか、という課題だといいかえてもよい。それは西洋学的な、欧米を、そしてシナ学的な、中国を特化させる考察様式そのものを、開かれた歴史研究、東西共通の人類史としての考察に還元していくことにほかならない。

「国家と社会」も「伝統と近代」も、もう手垢のつきすぎた概念枠組であろう。そこに少なくとも、まだこれだけの問題がひそんでいるのだとすると、前途は決して楽観できない。時代はすすみ環境は激変し、研究が深化発展しているように見える。それはある程度、事実なのであろう。しかし現状がこれでは、研究の成果は外貌ほど、すすんでいないことになる。時代がそうだから、環境がそうだから、というのはわかりやすいが、しょせん逃げ口上にすぎない。何よりも問われているのは、そう口にしがちな研究者その人なのではあるまいか。

余   論

最後に老婆心の蛇足をひとつ。この文章をシナ学の否定論・無用論と読まれては本意ではない。中国と一衣帯水の地理的位置にあり、多くの文字・古典を共有し、しかもかつて抜き差しならない関係をもってしまった日本人にとって、中国史は外国史でありながら、しかもまったくよその国の歴史でもない、という感覚をもたせる、一種特殊な存在であった。そんな伝統と心情の所産がシナ学と戦後の中国史学であって、日本の研究成果が世界に冠たる存在でありえたのは、じつはそこに負うところが大きい。

この種の文章では、ある程度以上は先達に対する無礼を承知のうえでないと、筆を執ることさえできない。ことさらむこうみずに、伝統的中国史学に対して批判的になってみたのは、まずもって主題がしからしめたものだが、中国が急速によその国と化した現状も、おそらくは作用している。われわれは前の世代ほど、中国に対して思い入れをもつことができない。それは「情念」的な認識

を排した、いっそう「科学」的な視点をもつことができる（衛藤1974：233〜236頁）という意味で、外国史の研究としてはむしろ普通、健全になったともいえよう。

　だが批判は、軽蔑・否定ないし黙殺・無視とは異なる。先達はやはり、あらまほしきものである。一世代、二世代前の学者なら、当たり前にもちあわせていたシナ学的な学識、いなごく初歩的な漢文の素養すら、すでにわれわれは有さない。そこでとりわけ史料をあつかうにあたっては、好むと好まざるとにかかわらず、意識するとせざるとにかかわらず、有形無形に先達の恩恵をこうむることになる。そのなかでシナ学的伝統のしめる位置は、依然として圧倒的に大きい。それを自覚的に尊重し、少しでも自発的に修得することが、何よりの出発点である。その姿勢すら皆無であるなら、中国史学に従事する資格がない、といって過言ではない。じっさい中国語が流暢でも、驚くべき文献読解と史料解釈をしてみせてくれる若い人は、跡を絶たないのである。

　研究を志して以上を読んだのなら、願わくば自分の研究にとりかかる前に、十分な史料講読の訓練をつんでほしい。それがなくては、いくら研究といっても、画餅にひとしい。発想の転換が問題になるのは、史料に向き合う最低限の素養を身につけたうえでの話である。それはどこの歴史、どの時代を専門にしても、やはり同じ。明清史・近現代史の研究うんぬんは、その段階では、どうでもよいことなのである。

◆文献一覧

安部健夫（1971）『清代史の研究』創文社

イーストマン、ロイド・E、上田信・深尾葉子訳（1994）『中国の社会』平凡社

岩井茂樹（2004）『中国近世財政史の研究』京都大学学術出版会

上田信（1995）『伝統中国──〈盆地〉〈宗族〉にみる明清時代』講談社選書メチエ

衛藤瀋吉（1974）「政治外交史──辛亥革命以後」坂野正高・田中正俊・衛藤瀋吉編
　　『近代中国研究入門』東京大学出版会

岸本美緒（1997）『清代中国の物価と経済変動』研文出版

────（1998）『東アジアの「近世」』山川出版社

久保田文次（1985）「近代中国像は歪んでいるか──溝口雄三氏の洋務運動史理解に対
　　して」『史潮』新第16号

黒田明伸（1994）『中華帝国の構造と世界経済』名古屋大学出版会

コーエン、ポール・A、佐藤慎一訳（1988）『知の帝国主義——オリエンタリズムと中国像』平凡社

重田徳（1975）『清代社会経済史研究』岩波書店

島田虔次（2002）『中国思想史の研究』京都大学学術出版会

田中正俊（1973）『中国近代経済史研究序説』東京大学出版会

谷川道雄編著（1993）『戦後日本の中国史論争』河合文化教育出版社

内藤虎次郎（1969）『支那近世史』『内藤湖南全集』10、筑摩書房

———（1972）『支那論』『内藤湖南全集』5、筑摩書房

———（1972）『新支那論』『内藤湖南全集』5、筑摩書房

那珂通世（1907）『成吉思汗実録』大日本図書株式会社

那珂通世著・和田清訳（1938）『支那通史』全3冊、岩波文庫

狭間直樹（1964）「中国近代史における「資本のための隷農」の創出およびそれをめぐる農民闘争」『新しい歴史学のために』第99号

———（2002）「解説」島田虔次『中国思想史の研究』京都大学学術出版会

波多野善大（1961）『中国近代工業史の研究』東洋史研究会

夫馬進（1997）『中国善会善堂史研究』同朋舎出版

溝口雄三（1989）『方法としての中国』東京大学出版会

三田村泰助（1972）『清朝前史の研究』東洋史研究会

宮崎市定（1977）『中国史』上、岩波全書

———（1993）「自跋」『宮崎市定全集　16　近代』岩波書店

———（1995）「中国火葬考」宮崎市定著・礪波護編『中国文明論集』岩波文庫

宮嶋博史（1995）『両班（ヤンバン）——李朝社会の特権階層』中公新書

村松祐次（1949）『中国経済の社会態制』東洋経済新報社

本野英一（1986）「1985年の歴史学界——回顧と展望——　東アジア（中国—近代）」『史学雑誌』95-5

———（1990）「中国の現状を歴史学はどう説明するか——日米の近刊二書を中心に」『東方』第107号

———（1990）「中国近代史研究は、新世代日本史・明清史研究の挑戦にどう答えるか」『近きに在りて』第18号

矢野仁一（1926）『近代支那史』弘文堂書房

———（1928）『支那近代外国関係研究——ポルトガルを中心とせる明清外交貿易』弘文堂書房

———（1930）『近世支那外交史』弘文堂書房

———（1936）『現代支那概論——動く支那』目黒書店

———（1936）『現代支那概論——動かざる支那』目黒書店

─────（1937）『日清役後支那外交史』東方文化学院京都研究所

山田賢（1995）『移住民の秩序──清代四川地域社会史研究』名古屋大学出版会

山本進（2002）『清代の市場構造と経済政策』名古屋大学出版会

増補版のための補論

　改訂の機会を得て以上の旧稿を読みなおすのは、実に十年ぶりくらいになる。読了して手を入れる必要をほぼ感じなかった。本章は2006年刊行の旧版そのままである。再録にあたって、辯解めいた蛇足ながら、一言つけ加えておきたい。

　旧稿は明清史研究と近代史研究の間に横たわる相互不理解と、その起源・現状を論じる一文だった。起源といえば、過去の歴史的なものだから、史実の認識と解釈に大過なければ、所論にも新旧のちがいが出るはずはなく、したがって改める必要はない。そして現状にさほどの変化がないのであれば、加筆することが乏しいのも、また当然である。

　要するに、およそ15年前に執筆した趣旨は、今もほぼそのまま通用する。少なくとも筆者にはそう映った。あまり幸福な事態とはいえないだろう。しかし現実がそうなのだから、いかんともしがたい。

　もちろん15年も閲すれば、世の中じたいが変わっている。学界・研究の動向に何も変化や成果がなかったはずはない。いわゆるグローバリゼーションの進展のなか、また現代中国とそれをめぐる国際情勢の影響も受けて、むしろ激変したというべきだろう。すでに本書のいたるところで言及のあるように、工具書の形態、史料・文献の入手方法、研究発表のありかた、あらゆる方面で環境の変化は著しい。ほんとうに隔世の感を強くする。

　明清史研究・近代史研究に即して、その具体的な経過を跡づけるべきかもしれない。しかし本書・本章は、個別テーマの研究史とその課題を具体的網羅的にとりあげて検証する場でもないし、それは物理的に、とても不可能である。

　個別研究の題目は増えるばかり、とても一人の目と頭で追いきれるものではない。それはそれで、個々人の研究者が個別にとりくめばよいだろう。実地の研究は個別テーマから出発するし、個別の実証研究こそ、アカデミックな歴史学・中国史学の王道なのであって、それを欠いては、歴史研究ではない。あたりまえである。あらためて贅言を要しない。

　ただ個別は全体につながっている。決して孤立して存在しうるものではない。それなら個別研究は、その成果が全体にまで及んで、はじめて完結する。個別は個別で終わらないし、終わらせてはならない。さもなくば、凡庸な日本の日本史研究、中国の中国史研究と選ぶところがなくなってしまう。外国史としてなすべき中国史研究が、そんな章学誠のいわゆる「史纂」「史考」まがいのものでは、およそ存在理由がない。

　その個別がつながっているはずの全体・体系をどうみて、どう論じるか。そこにも大小の別はあって、細かい題材をとりあげだすとキリがないから、題目に関わる大きな事例のみ、触れておきたい。

　たとえば、ごく大別した分野の、明代史研究・清代史研究・近代史研究。いずれも分厚い蓄積を誇る。しかし時代・分野を通じてまんべんなく、研究がなされているわけではない。盛んなのは、明末清初を主とする中国社会経済史、マンジュから清朝前半を主とする清朝政治史、西洋との関わりを重視する清末民国史となる。それぞれが個別の研究領域をなしていて、交わりがない。こうした乖離状態は、およそ日本の中国史研究がはじまって以来、旧稿で描いたような経緯を経て、一貫して続いており、それだけに隔たりも根深くある（岡本2016）。

　もとより、その克服に向けた努力がなされていないわけではない。課題の所在は明らかになったから、解決の意欲は高まってはいる。たとえば学会規模で、つとめて学際的な交流をはかろうとするのも、そこでの題目や論点に「ユーラシア」「帝国」というような概念が多用されるのも、そのあらわれといってよい。

　しかし具体的に十分な成果が出たであろうか。刊行物も多くは個別論文の寄せ集めでしかない。そうした概念の使用もふくめて、そもそも方法が一定せず、率直にいって、言葉だけが踊っている印象である。つまりは旧稿で指摘した乖離の本質に、さしたる変化はみられない。

　そもそも旧稿が真摯に読まれた形跡もなさそうである。端的な事例をあげれば、そこでも指摘した「国家」概念であろうか。明清史研究での安易なその用法は、学界あげてほとんどかわっていない。これだけで、変化・反省のないありさまがよくわかる。いよいよ旧稿をいじるわけにはいかない。

　くわえて、いくつも事例をあげることができる。明清史と近代史をつなぐに

は、時代的に両者の間に位置する19世紀・清末の研究が欠かせない。しかしその研究者層があまりにも薄弱である。この15年間、ほとんど変化がない。

　また依然として、中国語圏の概念・範疇に左右されている現実もある。とりわけ大陸では、「中国史」と「近代史」とは截然として別の専攻、別分野にひとしい。しかし中国史と「近代史」が切り離せないのは、われわれの立場からすれば、自明だろう。1840年で区切る理由は、いよいよ存在しない。それでも中国史の研究である以上、本場で圧倒的な研究者層を占める中国語圏の研究動向と無縁ではいられないから、どうしてもその動向・体制に影響を受けてしまう。

　中国語圏ばかりではない。英語圏も同じ、ないしそれ以上である。古くは「朝貢体制」、近年は「新清史」やグローバル・ヒストリーであろうか。それぞれ取るべきところはありながら、学界あげてそれ一色になるほどの所説ではありえない。

　こう一瞥しただけで、海外の学説や枠組み、風潮が正しいとは限らないのは、一目瞭然であるまいか。かつてのマルクス史学以来、変わっていないともいえるのであり、そこを明確に指摘、批判できるようでなくては、グローバリズムの意味がない。

　外国学界の動向には、もとより鋭敏でなくてはならない。けれども外国には外国の事情がある。それをわきまえないまま、一知半解のまま流されてはならない。研究が盛んになればなるほど、従前の弊害・課題を再生産するばかり、その風潮が旧態依然なところはもとより、いっそう恐れるのは、そこに無自覚なところである。

　旧稿でとりあげた明清と近代の乖離も、その一環であろう。それなら、それはどこに由来するのだろうか。すでに述べたように、表面的な個別テーマや所説そのものではなく、その根本にある意識・視角にこそ、問題がある。来歴にまでさかのぼった自らの立ち位置の認識が圧倒的に不足している（岡本2018）のであって、学会や組織、環境の問題ではない。研究者個々人の問題なのである。

　研究は孤立してはできない。けれども「千万人といえども吾ゆかん」。オリジナルな達成をめざすには、逸脱と孤独を恐れてはならない。研究の暗黙の前提になっているところに、どれだけ自覚的に鋭敏になれるか。

　そして課題を悟ったならば、行動しなくては、公にしなくては、無意味である。既成概念・先行研究に安住するだけなら、そもそも本書はいらない。あえて逸脱も辞さない姿勢をとれるかどうか。そのスタンスを無理なく持してこれたのが、筆者の幸運ではあった（岡本2014／2017、Okamoto 2019）。

　深く没入しないと研究はできないけれども、没入する自分を俯瞰して客観視できる高度も必要である。その深みと高みをふたつながら保てるか。それだけの覚悟と伎倆が、これからの時代、何より欠かせない。

◆文献一覧
岡本隆司（2016）「「東アジア」と「ユーラシア」――「近世」「近代」の研究史をめぐって」『歴史評論』第799号
――――（2017）『中国の誕生――東アジアの近代外交と国家形成』名古屋大学出版会
――――（2018）『近代日本の中国観――石橋湛山・内藤湖南から谷川道雄まで』講談社選書メチエ
――――編（2014）『『宗主権の世界史――東西アジアの近代と翻訳概念』名古屋大学出版会
Okamoto Takashi, ed. (2019) *A World History of Suzerainty: A Modern History of East and West Asia and Translated Concepts,* Toyo Bunko Research Library 20, Tokyo: The Toyo Bunko.　https://toyo-bunko.repo.nii.ac.jp/index.php?action=pages_view_main&active_action=repository_view_main_item_snippet&index_id=1303&pn=1&count=20&order=17&lang=japanese&page_id=25&block_id=47

コラム②　史料を読む

　一口に、歴史を学ぶ、といっても、それを研究と称するには、おのずから欠くべからざる要素がある。常識になっていることがらにくわえ、独自の史実をみいだすのが、その最たるものであって、そのためには、当時の記録、いわゆる史料を読まなくてはならない。適切な史料にあたるかどうか、そこに研究か否かを判然と分かつ境界があり、その史料をこなせたかどうか、研究の価値はそこで半ばは決まってしまう。正しく解した史料に拠らねば、いかに高論卓説にみえても、それは説得力をもたぬ、独断と偏見、でしかない。

　しかし、中国史料は難しい。

　まず語学的に難解である。一文字で音と意味の単位をなす漢字の性格によって、たとえば文法が、ほかの言語と比して体系的にならない。そのため、われわれがいうところの品詞を分析することさえ、容易でない。名詞を動詞に読んでしまう、二字の人名や地名を一字ずつバラバラに解してしまう。軽率に字面だけで、意味を当て推量するのは、初学ばかりの錯誤ではない。いくら複雑でもいいから、活用や格変化があってくれたら、と思ったりもする。

　次に譬喩や引用が頻出することである。漢字の性格上、語義・文脈を確定すると同時に、直截ないいまわしを嫌うところに由来するのだが、往々にしてわかる人

にしかわからない。四川を蜀と称するなど、いわゆる雅名は初歩の初歩、そのいわば応用がいたるところに出てくる。

　惲毓鼎『崇陵傳信録』にこんな文章がある。

> 義和拳之爲邪教、即八卦白蓮之支流苗裔、勞玉初京卿考證最詳。顧朝廷所以信之者、意固別有所在。邵陵高貴之擧、兩年中未嘗稍釋、特忌東西鄰責言、未敢倉卒行。

辞書も事典も索引もみずに、一読の下この意味をスラスラ誤りなくとれる人には、何もいうことはないけれど、少なくとも筆者には無理な域である。

　第一センテンスはまず問題ないものの、「勞玉初京卿考證」は知らない人にはとっつきにくい。勞乃宣という人がわかれば、その著述『義和拳教門源流考』だと判明するが、そこへゆきつくまでに、別号の「玉初」から検索をはじめなくてはならない。ややこしいのは第三センテンスである。分かってしまえば、光緒帝の廃立を指す、と腑に落ちる。でも「邵陵高貴」だけで、そこまでたどりつけるだろうか。

　同時代の史料記述はこのように書き、それで読者もわかる、ということが前提となる。そこに典故がやかましくいわれるゆえんがあり、十三經・廿四史など、いくら探しても見つからない経験をすることになる。

　それでも引用文は、しょせん大した内

容をいっているわけではない。苦労して意味をつかんでみても、研究の成果という視点からは、徒労に終わるほうが多い。それが中国近現代史では大量になるので、とにかく根気が必要である。

中国史の主要史料といえば、公文書に指を屈する。中国にかぎらず、公文書には独特の書式、いいまわしがあるので、まずはそれに習熟しなくてはならず、そこで手間がかかる。反面、公文書は文字どおり公に伝達する目的があるため、上の引用文のような、もってまわった修辞や表現は激減し、われわれからみても、直截明快である。そのスタイルも清代から民国まで、ほぼ共通するので、形式に習熟すれば、解読はやさしい。

ごくおおまかに区分すると、上達の文書は皇帝あてを「奏」、上司あてを「稟」、平行は「咨」、下達は「諭」「批」などと称する。書式にそれほどちがいがあるわけではない。とりあえず上奏の書き出しだけ、みておこう。十年の激闘のすえ、太平天国を打倒した曾國藩の、南京攻略を報じた同治三年六月二十三日付の文章である。

　　奏爲克復金陵、全股悍賊、盡數殲滅、
　　恭報詳細情形、仰祈聖鑒事。竊照、
　　官軍攻克金陵、業經浙江撫臣曾國荃、
　　將大概情形、於十六日亥刻、會同臣
　　等馳奏、在案。茲據曾國荃十九日咨
　　稱……

以下、上奏の末尾まで、実弟にして浙江巡撫、南京攻略軍司令官の曾國荃からの「咨」を引くが、この短い範囲でも、いくつもの約束事がある。その解析については、数々の工具書が出ているので省略する。なかんづく見てほしいのは、この上奏のほぼ全文と解釈をおさめる宮崎市定『政治論集』（『全集』別巻、岩波書店、1993）、さしあたりその清代の部分だが、時代にかかわらず、中国の政治文書というものを読むための絶好の手引きでもある。

ほかに上下・対等の関係を問わず、やりとりされる「函」（「書」「札」ともいう）がある。「公函」から「家書」にいたるまで、時と場合により、公私の濃淡はまちまちながら、おおむね書翰ともいうべき性格をもつ。近現代はこの種のものが大量に残っていて、『梁啓超年譜長編』（島田虔次編訳、岩波書店、2004）のように、それだけで一種の歴史が編めることさえある。以下は1888年、北洋大臣の李鴻章が朝鮮に駐在する袁世凱にあてたものの冒頭、上に引いた奏文と比べてほしい。

　　慰庭世仁弟大人閣下。連接六月廿日・
　　七月六日惠書、知前後兩緘、已達記
　　室。韓事日就敗壞、不易挽回。執事
　　在彼三年、苦心調劑、隨宜補救、非
　　止一端。局外或不深知、鄙人豈不洞
　　察。所以迭奉箴規者、特慮神鋒太爲、
　　亦呂侯戒元遜十思之義也。

こころみに訳出すると、こんな感じである。

　　袁慰庭どの。つづけて7月28日・8月13日付の貴翰拝受、前後してお送りしたこちらの二通も、とどいたことを知った。朝鮮問題は日々悪化のきわみにおもむき、容易に挽回でき

そうもない。そちらへ赴任になって三年、数々にわたる調整のご苦心、機をみての救済、局外者にはよくわからなくても、わたしはきちんとみている。何度も戒めてきたのは、鋭鋒の過ぎることを心配しただけ、物事はよく考えてからやれ、と呂岱が諸葛恪に戒めた故事と同じなのだ。惲毓鼎の筆法により近いのがわかる。当時の李・袁二人の関係ばかりか、清韓関係のありようをも考えさせる文章である。

近現代は電信が普及し、とくに緊要な問題で多用される。そこでこちらも、電報文をこなす必要がでてくる。電報ならではの決まり事があるし、またコストの関係から切りつめた表現となりがちである。以下は1882年、駐英公使曾紀澤の総理衙門あて電報全文。

　　密夷。高麗大亂、君后・大臣、暨仕高倭人、均被戕。巴夏禮電報英外部、外部咨澤。吾華如何布置。乞電示以便答西人之問。寘。

はじめの「密夷」は、電報の種別・系列をしめすコード、末尾は日付に代わる韻目、「寘」は去声の第四、それだけで「七月四日」の発信をあらわす。

　　機密。朝鮮に大乱勃発。王妃・大臣、朝鮮に仕える日本人、すべて殺害。パークスが本国外務省へ打電、外務省から私に通告あり。わが中國の手配は如何。こちらでも応対できるよう、電報にて知らせられたし。8月17日。

このように訳出できようか。壬午軍乱の実地の経過推移と、ヨーロッパへの情報伝達とのギャップを示すものとしても、興味がひかれる。

中国と近現代ということで、史料の文体を述べてみたが、それだけで紙幅がつきてしまいそうである。そのほかにも、内容解釈のしかたはもとより、文書なら起案から受理、そして保存整理までのありよう、著述なら編集から印刷出版、そして版本の問題など、難しさをいいだせば、キリがない。そのあたりは、ぜひ各自で体感してもらいたいし、また手づから扱ってみないと、身にしみて分からないことでもある。

しかしとりたてて、中国近現代史だけが難しい、という理由はどこにも見いだせない。上に述べた事情は、固有特殊かもしれないけれども、文法・譬喩・引用・書式の問題は、どんな文献史料にも、ついてまわるからである。

文章が読めない、読みとれても、それがあらわす事象がみえない、みえてきても、その意義がつかめない。いつの時代、どこの世界、どんな言語でも、いろんなレヴェルで、史料というのは、難解なものなのだ。

だから、そんな文字の羅列が靄然、史実の活劇に転化する、そこにこそ、歴史研究でしか味わえぬ醍醐味がある。その一瞬のために日夜辛苦をいとわない、といえばいいすぎだが、史料の難しさに悩むことは、わかったときの喜びを知ることでもある。まずはとにかく、理解できるまで読んでみる。すべてはそこからはじまるであろう。

　　　　　　　　　　　　（岡本隆司）

Ⅲ　制度をめぐって

第 8 章　外国史研究としての中国近現代史研究

川　島　　真

はじめに——中国近現代史の抱える問題点

　外国史としての中国近現代史研究という課題は、21世紀にはそぐわない面がある。それは学術がグローバル化し、研究者が国家に束縛されるわけではなくなった面があるからだ。個々の研究者は、自らの出身国をベースにして活動するわけでもなく、また学術言語も英語を中心にして「国際化」している。こうした傾向は歴史学にも見られ、一般には歴史研究者が自国史、外国史を強く意識する必要は無くなっているのかもしれない。

　しかし、中国近現代史研究という研究領域の場合、研究者にとって自国史か外国史であるかということ、また研究報告や研究成果を発表する場所が中国国内なのか、その外なのか、という境界線を強く意識せざるを得ない状況に依然ある、あるいは一層この問題に直面しなければならない状況にあると筆者は考えている。

　無論、一般論として、学術言語や述語、また先行研究蓄積が国家別に形成されているとか、それぞれの国の学術背景や環境が異なっているということは広く見られる。だが、中国の場合にはそうした一般論では説明がつくわけではない事情があるようだ。むしろ、中国の中国近現代史研究は、その進展の過程において、海外の中国近現代研究に対して「開かれた」状態にあり、両者の間の境界は比較的低かったと言えるだろう。

　また、1990年代以降、一面で台湾の史料公開が先行しながらも、中国での史料公開も進んできたし、研究の自由度も比較的担保されてきた。外国の研究者が中国国内で研究報告をしたり、また中国国内で著作を刊行するに際しても、外国人は「別枠」で処理されてきた。検閲や確認が全くなかったわけではないが、中国国内の研究者とは別の基準によって対応がされていたと思われる。

　しかし、21世紀に入り、とりわけ習近平政権が発足して以来、中国国内にお

ける歴史言説、研究内容をめぐる管理、統制が強化され、また中国での歴史史料の公開状況などが政治に大きく左右されるようになった。また、これも特に習近平体制に入ってからのことだが、共産党史の重要性が特に強調されるようになった。そして、昨今では、中国で教鞭を執る外国人研究者や台湾系研究者は増えたし、海外で研究活動を行う中国籍の研究者が数多く存在する。だが、中国国内での外国人研究者の研究活動や論文や書籍の公刊に際しての管理は一層強まっている。

　このような状況の中で、中国国内とそれ以外の世界との間に存在する研究面でのfirewallの存在が一層際立つようになったのである。それは目下のところ越境可能であるし、firewallの高さも性質も変化している最中にある。だが、このような傾向が育む研究環境の変容、特に自国史として中国近現代史を研究する場合と、外国史として取り組む場合の相違と共通性について考える上での材料を提供することは、日本の読者にとっても必要であろうと思う。

　こうしたことを踏まえ、まず中国近現代史研究がなぜ中国国内の状況に左右されやすいのかということについて考える上で、グローバル・ヒストリーと一国史との間の緊張関係について検討し、次に自国史、外国史という観点から見る中国近現代史研究について、そして特に習近平政権期以降に生じた中国国内における中国近現代史を取り巻く状況と、そうした時期における外国史研究としての中国近現代史研究、とりわけ日本におけるそれの意義と可能性について考察してみたい。

1　グローバル・ヒストリーと一国史研究

　歴史研究には多様な研究領域が存在し、それぞれが特徴を有している。空間設定からしても、グローバル・ヒストリーから、村落の歴史まで幅広い設定の仕方がある。では、「中国」の「近現代史」というのは、どのような研究領域なのだろうか。それはまず中国史があり、その中の近現代史だということなのだろう。それに対して、近現代中国史だと、「近現代」という（世界史的な）時代の中の中国史だと理解できる。

　「中国」の「近現代史」だとした場合、その「中国」がどのような領域を示すのかが重要となる。ここで、「中国」の内容について議論を展開することは

できないが、一つの考え方は「中国」が現在の中華人民共和国をさしていて、「中国史」はその国の歴史を示すという考え方だ。だが、この場合、台北には「中華民国」が存在しており、中華民国から見た中国史も存在するかもしれない。他方、（境界は曖昧であるにしても）中国を地理的な空間としてみれば、その地理的空間の歴史ということになる。さらに、そこが一つの歴史世界であり、その歴史世界で展開した歴史だということもあるかもしれない。

　この点、中国の歴史地理学者である譚其驤は「中国」の範囲について次のように述べる。第一に、堯舜から明清に至る二十四史に名を連ねる正統王朝こそが中国であって、それ以外は中国ではないというのは間違いだという。第二に、古の人が考えていた中国が中国ではないという。それは古の人の中国という概念の形成は歴史に応じて変化してきたのであり、だからこそ、歴史上のある時期の人々の中国を取り上げて、それを中国としてもいけないとする。この第二の点を受けて、第三に現在の中国の疆域概念を歴史上の中国の疆域だとしてもいけない、という。それは、現在の中華人民共和国の範囲は、19世紀の中葉以降に資本主義列強によって奪われ、侵略された結果だからとしている。譚其驤⁽¹⁾は決して「中国史」の定義をしているわけではないが、「中国の歴史」といった場合の「中国」という言葉の揺らぎが意識化されていることを示す。

　だが、この「中国史」という歴史叙述のスタイルが比較的新しいことも周知の通りだ。20世紀初頭の梁啓超の『中国史叙論』などによって「中国史」は次第に定着していったのであるが、⁽²⁾これは中国としての近代国家建設に伴い、「中国史」という叙述のスタイルが必要とされたことを示す。そうした意味では、「中国」の範囲に揺らぎがあるにしても、「中国史」は近代国家建設に際して必要とされる国家史としての役割を果たしている。

　その国家史は、近代国家建設、そして独立自主のために必要なものであった。歴史は国民意識の形成と深く関わるためである。歴史叙述、史料の発掘や編纂なども、こうした国家史の論理の下に長く行われてきた。こうした意味で、「近代」という時代の歴史学には、国家建設に関して一定の現実的な役割があったということになる。こうした点で「国家史」、とりわけ一国史は、歴史学とnation との関係性を前提としている、と言える。

　その国家史や一国史とnation との関係性は、歴史学の進展の過程で批判にさらされてきた。そして、国境を超えた地域史やグローバルヒストリーの重要

性が長く唱えられてきた。また、歴史学における因果推論の手法や、根拠とされる史料の持つ恣意性についても批判の対象となってきた。

　中国近代史も同様だ。中国史の研究領域でも、世界的にはグローバル・ヒストリーや地域史の観点から語ることの重要性が指摘されている。だが、中国をはじめ、戦後独立したアジア諸国、また国家建設途上にある国や、依然分断国家として国家の正統性を争っている国、あるいは権威主義体制下にある国にとって、国家の歴史は国民統合や正統性、あるいは正当性の資源として極めて重要である。この点、国家建設途上にあり、また権威主義体制下にあり、中華民国との関係では正統性の争いもある中国においては、国家史は依然重要であり、むしろその重要性は昨今高まっているとさえ言える。つまり、世界の歴史学全般における「一国史」、「国家史」をめぐる状況と、中国や新興国などにおけるそれは異なっているということである。無論、外国、とりわけ先進国で中国近現代史をおこなう場合には、その限りではない。こうした歴史学に与えられた位置づけが自国史としての研究と外国史との研究との間に、一定の緊張感を与えていくことにつながるのである。

　こうした点は史料にも見られる。上述のように、歴史学については因果推論、説明を支えてきた史料についても、その恣意性などの点で疑義が呈されてきた。だが、しかし、中国では、「正しい歴史」とその根拠が政治的にも明確にされており、その史料批判のあり方にも特殊性がある。これもまた、中国と世界、とりわけ先進国における中国近現代史研究との間の緊張感を育む要因になる。

2　歴史虚無主義と中国近現代史

　国家史の重要性が昨今の中国で一層高まっていると前節で記したが、これにはやや踏み込んだ説明が必要である。中国近現代史の場合、その歴史叙述が現在の政権の正当性と直接的に関連することが少なくないことを考慮に入れなければならない。

　第一に、中国が国家として「正しい歴史観」とされるものを明文化している点である。周知の通り、中国の憲法の前文に相当する部分には、それが記されている。

　　1840年以降、封建的な中国は、次第に半植民地・半封建的な国家に変化

した。中国人民は、国家の独立、民族の解放、及び民主と自由のために、先人のしかばねを乗り越えて突き進む勇敢な戦いを続けてきた。

　20世紀、中国では、天地を覆すような偉大な歴史的変革が起こった。

　1911年、孫中山先生の指導する辛亥革命が、封建帝制を廃し、中華民国を創立させた。しかし、帝国主義と封建主義に反対する中国人民の歴史的任務はまだ終わっていなかった。

　1949年、毛沢東主席を指導者とする中国共産党は、中国の各民族、人民を導き、長期にわたる困難かつ複雑な武装闘争などの形態による闘争を経て、ついに帝国主義、封建主義、及び官僚資本主義による支配を覆し、新民主主義革命という偉大な勝利を奪取し、中華人民共和国を樹立した。この時以来、中国人民は、国家権力を掌握し、国家の主人になった。[4]

この叙述は、1840を近代の起点とし、1911年の辛亥革命と、1949年の中華人民共和国成立を重要な事象だとしているが、基本的に近代が半封建・半植民地の時代であり、それが中華人民共和国の成立によって克服されたという歴史観を基礎としている。この歴史観は、改革開放の下でも継承され、歴史教育の現場では墨守された。だが、研究の世界では、1990年代から今世紀初頭にかけては、近現代史の時代区分についても比較的自由に議論される傾向があった。

　他方、1980年代以降、中国では民国史研究が提唱された。これは台湾の国民党による歴史観と、中国の中国共産党の歴史観を擦り合わせると言う、「統一戦線」に関わる面と、市場経済を一定程度取り入れる改革開放政策に合わせて民国時期の歴史を再評価すると言う面の両面があっただろう。民国史は、台湾における文書公開やアメリカでの蒋介石日記の公開などと相まって進展した。

　しかし、胡錦濤政権期に大学における必修の政治科目として『中国近現代史綱要』という科目が設けられ、大学における「マルクス主義教育」としての歴史教育が強化された。これによって、大学の中に学部の思想科目としての必修科目として歴史を教える人々と、歴史学科で歴史を教える人々の双方が存在するようになった。あるいは、歴史学科のない理工系などの大学でも『中国近現代史綱要』を教える教員がポストを得ることになっていった。

　教育のみならず、研究の面でも、例えば、中国の科学研究費に相当する「国家社会科学基金（社科基金）」においても、党系統の「党史」と、歴史学科の「近現代史」は異なる範疇に属している。民国史研究は、共産党史としての党

史の一部ではなく、あくまでも歴史学科の近現代史に属する。この観点に立てば、1990年代から党史に対して歴史学科の近現代史が成長してきた面がある。だが、このような傾向は、習近平政権の時期に入り、大きく転換されることになった。

　それを簡潔に示すのが、「歴史虚無主義」をめぐるキャンペーンと、党史の強化、復活である。歴史虚無主義というのは、簡潔に言えば、中国共産党の正当性を支えるどころか、その正当性に反するような歴史研究、歴史叙述のことを指す。習政権の時期になると、「蔣介石日記」を用いた研究が歴史虚無主義だとして批判され、1920年代から40年代についても、次第に民国史研究よりも党史が重視され、また抗日戦争史（とそこにおける党の役割）が重視されるようになっていった。そのため、国家史としての中国近現代史において、特に中国共産党が成立した1921年以降については、「党史」が主旋律になろうとしている。こうした意味では「国史」もまた刻々と変化しており、そこでは台湾の中華民国史だけでなく、中国内部での党史と近現代史との間の緊張感も存在する。そして、習近平政権下で思想・学問の管理、統制が強まることによって、中国近現代史の分野でも「正しい歴史観」への「忠誠」が求められるようになった。これは、中国における自国史としての中国研究を行う上で、また外国の研究者が中国で研究活動を行う上で、背景、前提となる新たな条件となってきており、自国史としての中国近現代史と、外国史研究としてのそれとの間の溝を深めることにつながっている。

3　中国の中国近現代史との緊張感

　ここまでの内容を踏まえれば、中国国内での自国史としての、あるいは中国国内で留学生や外国人研究者が行う中国近現代史研究が、昨今の中国での「正しい歴史」の影響を受けることは明らかだろう。論文を出す際には、歴史虚無主義との批判を受けぬようにしなければならないし、研究業績の著作としての出版に際しても、学術的水準もあるが、思想面での「審査」に通らなければならない。無論、中国の歴史学にも一定の「自由」はあり、個々の研究者は敏感な問題を避けつつ、課題を決定し、中国のコンテキストにおいて問題とならない史料を選択して研究を行なっている。しかし、そのような考慮をしなければ

ならない点で強い影響を受けていると言える。

　また、海外で研究を進める中国人留学生も（将来的に中国で仕事を探すことを視野にいれるならば）こうした情況から強い影響を受けることになる。そして、海外で職を得ている中国人研究者も、国内に家族を残しているならば、一定の制約を受ける。中国の研究者が海外で行う学術活動についても、国内ほどではないにしても一定の制約を受ける。研究報告を行うにしても、「自由な」発言は困難である。

　このように、自国史として中国近現代史研究を行うに際しては多くの制約があるが、それに対して、外国史として中国近現代史を行う場合には、比較的多様な選択肢がある。研究の内容や方法として中国国内と同様にするのもしないのも、研究者に任されている。研究課題の決定に際しても、中国国内では「歴史虚無主義」と批判されず、また「正しい歴史」のことも意識しながらそれを行うことになるが、外国史として行う場合にはそうした制約はない。だが、逆に言えば、「正しい歴史」が設定されている方が、その「正しさ」に即して比較的「正しい研究課題」を決めやすいという面もある。また、中国で自国史として中国近現代史研究に関わる人の数は多く、自ずとテーマは細分化されていく。

　それに対して、外国で、外国史として中国近現代史を研究する場合、中国国内のような制約や誘導は受けない反面、何が研究課題として意味を持つのかということを十分に吟味しなければならない。その「意味」については、中国国内のそれと異なる可能性があるだけでなく、個々の国や地域によって異なることもあり得る。またあるいは、英語圏と個々の言語圏においてそれが異なるかもしれない。他方、それぞれの国や地域で、研究者の業績評価制度は異なる。これは必ずしも自国史、外国史の区別はないが、中国近現代史を学ぶ者も自らの研究成果を発表する適切な「場」を選定しなければならない。どのような内容を、何語で、どこで発表するのか、ということである。外国史研究として中国近現代史を研究していても、中国国内の中国語の雑誌や中国の学会が報告の場になることもある。

　設定する課題や報告の場の他にも、自らの用いる史料や、議論と関わる先行研究をいかに設定するのかということも重要だ。中国近現代史の一次史料は主に中国や台湾、あるいはアメリカ、欧州、日本など各地にある。先行研究も多

言語、多地域において蓄積されている。自国史研究として中国で研究を行う場合と、外国史研究として海外で中国近現代史を行う場合とでは、用いる史料や先行研究に一定程度異同が生じるだろう。例えば、中国で論文を発表することを視野に入れるとすれば、海外に流出した中華人民共和国や共産党の要人の文書を使用することは難しい。中国の法律に照らせば、流出文書は違法に海外で閲覧に供されているからである。

　台湾で戒厳令が解除される前には、台湾には国民党の革命史観があり、また中央研究院近代史研究所の、「南港学派」と言われたような中国近現代史研究があるなど、台湾内部にも一定の緊張感があった。台湾の一部の研究者は、海外の中国近現代史研究者の孫文関連の研究に特に注意を払っていた面もある。[8]1980年代には、中国と台湾それぞれがそれぞれ「正しい歴史観」をもっていたが、1990年代に民主化の進んだ台湾ではそれが基本的に見られなくなり、中国でも比較的自由度が増した。だが、昨今、中国で再び歴史学、歴史観をめぐる緊張感が増している。それだけに、外国史としての中国近現代史研究も、少なからずその影響を受ける。

　この状況の終着点が、中国とそれ以外の地域における中国近現代史研究の「分断」なのか、未だ判然としない。だが、例えば中国では「敏感な問題」とされる課題を、外国史としての中国近現代史研究が率先して行うべきだ、ということも考えられる。そうしてこそ、中国における自国史としての中国近現代史研究と、外国史としてのそれが相互補完的な関係になっていくということもあるかもしれない。しかし、その方向性の行き着くところは、中国近現代史研究の「分断」となるだろう。この点についても、引き続き議論が必要だろう。

4　自国史研究との関係性

　外国史研究として中国近現代史研究を行う場合、その研究者が拠点を置く国や地域の自国史との関係性が重要となる。中国近現代史が中国史の一部分であり、また歴史学の一部である以上、その国や地域の歴史学との間に一定の関係がある。そして、その国や地域の歴史学の主流となっているのは、多くの場合、自国史である。そして、中国近現代史であれば、自国史の近現代史研究との関係性が深くなる。

　日本では日本近現代史との関係性が重要となるし、外国史研究についても、日本との関係性に関心が集まる。日清戦争、日中戦争などの戦争はもちろんのこと、台湾領有、辛亥革命、二十一か条、山東出兵、満洲事変などといった一連の事象、そして留日学生のことや在華紡、さらには日中間の人の移動などが注目される。

　これまでの研究の経緯を振り返っても、かつて中国で革命史が盛んであった時代には、日本の中国近代史研究は孫文などの革命家の周辺にいた日本人についての研究や、革命家たちの日本での革命運動などに集中した。それは中国の革命史研究に貢献するものであっただけでなく、日中友好交流史の主要部分でもあり、それと同時に日本政府や軍部の対中侵略を一つの主題とする日本近代史研究とも深く関わるものであった。

　1990年代に東アジア地域史が提起された際には、日本の中国史研究は台湾史研究や朝鮮史研究とともに、日本近代史とは異なる視点を日本の近代史学界に提供する役割を負った面がある。日本にとって中国が隣国であるがゆえに、日本社会における中国史の視点は日本近代史を（可能な範囲で）相対化する役割を担うこともある。特に重要なのは、日中戦争をはじめとする日本の対中侵略の側面である。日本史研究が主に日本の史料を用いて日本の対中政策や侵略について研究するとしたら、やはり中国側の史料に基づく中国史研究の叙述は重要となる。

　次に、歴史認識問題との関わりもある。1980年代に日中間で教科書問題が発生し、歴史認識問題が日中関係でも重要となり、また日本国内でも重視される中で、日本国内の外国史研究、特に中国近現代史や朝鮮近現代史は中国史や朝鮮史の観点を日本社会に伝えていく役割が与えられた面があろう。無論、中国国内の中国近現代史の観点をそのまま日本側に伝達するというのではなく、日本近現代史や日本社会の状況を踏まえた上で中国近現代史の観点を伝えることができればさらに有意義だろう。そうした意味では、日本における外国史研究としての中国近現代史研究は、日本における中国史理解、そして中国理解に関わるのであり、学校教育の現場では歴史教育のみならず異文化理解のためのリソースを提供する側面もあると言えるとなろう。⁽⁹⁾

　日本の事例を見ればわかるように、外国史としての中国近現代史研究は、その国や地域の自国史との関係性から影響を受け、またその国の中国近現代史と

の関わりからも影響を受ける。このほか、それぞれの国や地域にはそれぞれの中国理解の「伝統」がある。それがその地域の中国認識の枠組みを形成している面もある。日本であれば近世以来の漢学の伝統、そして明治以来の東洋史の枠組みなどがそれに当たるだろう。こうした点も外国史研究としての中国近現代史研究にとっての重要な要素となろう。⁽¹⁰⁾

5　現代中国研究との関連性
―「現代」の範囲の変容の中で―

　最後に外国史研究としての中国近代史研究のあり方について、留意すべき点を述べておきたい。それは、日本であれ、アメリカであれ、「外国」における中国への関心の重点が基本的に歴史ではなく、現在にあるということに関わる論点だ。中国であれば、歴史だとしても、「近い過去」、すなわち中華人民共和国の時期の歴史の方に、社会的要請の重点がありがちだ。それだけに、外国史としての中国近現代史研究には、その国、地域において、いかにして現代中国理解に対する中国近現代史研究の存在意義を説明、証明するのかという課題を有するということになる。

　中国国内であれば、現代と歴史を分けることは自明であろうが、中国以外の国や地域では、学術資源の分配や、大学のポストの配置などにおいて、「現代的意義」について説明を求められることも少なくない。まして、現代中国への関心が高まっている現在、中国史に対して、なおさらそことの関わりが求められることは容易に想像できる。歴史学には歴史学としての立場があるが、外国史研究の場合には、常に現状理解との関わりについての説明が求められる。中国史の場合には、中国理解、あるいは現代中国研究との関連性が求められる傾向がある。

　他方、現代中国と歴史の対象としての現代史との境界線は常に変化している。かつて中国の近代はアヘン戦争に始まり、現代は五四運動から始まるとされた時期もあった。だが、中国の時代区分は大きく変化し、義和団事件、国民革命、あるいは1949年の中華人民共和国の成立、そして1978年の改革開放などを分岐点とする様々な時期区分がなされてきている。そして、史料公開もあいまって、従来ほど1949年の「壁」は大きくなく、むしろ1949年前後の連続性さえ強調さ

れるようになった。その結果、歴史学の方法論で扱える範囲も一定程度拡大してきている。とはいえ、中国では史料公開も限定され、必ずしも自由に利用できるわけではない。だが、一部の中央官庁の文書館、地方檔案館、そして一部の大学のチームが集めた村落の文書などを見ることができる。そうしたところでは、1960年代までの文書が見られるケースが多い。もちろん、共産党の文書が公開されていない以上、肝腎な部分は公刊資料に依拠しなければならないが、歴史学的な手法により現代中国に迫ることができる可能性は増している。

　他方、現在の中国の情勢を理解するのに歴史的な分析視点が必要とされているという側面もある。これは、習近平政権が正当性を調達する際に歴史を利用するということも関わるが、世界の中の中国の状況や共産党政権のあり方が変容しているからこそ、歴史的な視野が求められる面もある。外国史研究としての中国近現代史が、その国や地域の現代中国理解に何が貢献できるのかということ、また歴史学的な方法論を用いた中国現代史研究の可能性を現代中国理解へとも広げていくこともまた課題となるであろう。

◆文献一覧─────────────────────────

飯島渉・田中比呂志編『21世紀の中国近現代史研究を求めて』（研文出版、2006年）

小野寺史郎「戦後日本の中国近現代史研究におけるナショナリズム論」（『歴史学研究』
　　985号、2019年7月）

川島真「歴史という『資源』とガバナンス─日中間の難題を解くために」（『RATIO』
　　5号、2008年7月）

川島真「民国史研究の苦渋」（サイエンス・ポータル・チャイナ、2016年10月25日、
　　https://spc.jst.go.jp/experiences/kawashima/kawashima_1604.html）

川島真・中村元哉『中華民国研究の動向─中国と日本の中国近代史理解』（晃洋書房、
　　2019年）

岸本美緒「近代東アジアの歴史叙述における「正史」」（『史苑』77巻1号、2016年12月）

注

（1）「譚其驤談中国歴史疆域問題」（『天府新論』1982年7月20日）。

（2）　梁啓超「中国史叙論」（『清議報』第90冊・91冊、1901年9月3日・13日、『飲
　　　冰室合集』第一冊文集、61─62頁）。

（3）　秋田茂、桃木至朗編著『歴史学のフロンティア：地域から問い直す国民国家

史観』（大阪大学出版会、2008年）など参照。

（４）　「中華人民共和国憲法」（中国共産党共産党員網ウェブサイト、http://news.12371.cn/2018/03/22/ARTI1521673331685307.shtml）。

（５）　本刊記者「"馬克思主義理論研究和建設工程重点教材"系列訪談之三　『中国近現代史綱要』教材編写的主要問題─訪教材編写組首席専家（召集人）沙健孫教授」（『思想理論教育導刊』2006年第7期より転載、教育部ウェブサイト、http://www.moe.gov.cn/s78/A13/sks_left/s6387/moe_772/tnull_19181.html）。

（６）　例えば、2014年、中国社会科学院近代史研究所の楊天石研究員は歴史虚無主義だとして批判されるに至った。楊天石「我為何成了"歴史虚無主義"的典型」（経済観察網、2014年 6 月23日、http://www.eeo.com.cn/2014/0623/262405.shtml）。

（７）　川島真「第一章　中国の中華民国史研究─『中華民国専題史』の位置付けについて考える」川島真・中村元哉編著『中華民国研究の動向─中国と日本の中国近代史理解』（晃洋書房、2019年所収）。

（８）　1915年の孫文による日中盟約問題などは、藤井昇三がそれを提起したのに対して台湾側の研究者が強く抗議したことが知られている。この点については、狭間直樹「記念される孫文と孫文研究」（竹内実編『転形期の中国』京都大学人文科学研究所、1988年所収、548頁）の紹介を参照。

（９）　日中間の歴史認識の争点については、川島真「関係緊密化と対立の原型─日清戦争後から二十一カ条要求まで」（劉傑・三谷博・楊大慶編著『国境を越える歴史認識』東京大学出版会、2006年所収）。

（10）　この点は、川島真「外国史としての中国近現代史研究」（飯島渉・田中比呂志編『21世紀の中国近現代史研究を求めて』研文出版、2006年所収、166-167頁）で多少議論したことがある。

第9章　中国近現代史を大学で教える　　ということ

上　田　貴　子

はじめに

　修士課程から博士課程への進学で迷走していたおり、恩師から叱咤された言葉ある。「研究をして食べていく覚悟なしには、博士課程には進学できない」。つまり、「ちょっと研究面白いなと思ったので、もうちょっと続けたい、あわよくば研究者になれたらいいな」と思っていた甘えを見透かされ、叱られたのである。この言葉の意味を近年再び考えるようになった。

　研究をして食べていく、中国近現代史研究を職業とするということは、中国近現代の事象を対象とした研究活動を行うことだけではない。研究成果を発表すること、自分の研究内容を反映できるか否かを問わず、さらには雇用形態の如何にかかわらず、授業をすることも含まれる。この研究とアウトプットの両輪を回すことが中国近現代史研究を仕事とすることである。本稿ではこの授業をすることについて考えたい。

　具体的には、多くの学生をかかえる私立大学で教鞭をとる私個人の体験を参照しながら、行論をすすめることになる。勤務校を例えると、日本のど真ん中、日本の大学生の典型例といえるような学生構成であり、標準的（関西の）日本社会の多数派を集めたようなコミュニティである。そこの一学部で、講義については、中国史全般に目配りし、中国にかかわらないテーマを卒業論文に選ぶ学生も受け入れてゼミ・卒論指導をしている現状である。また、大学の文理融合を掲げた実験的な授業にもかかわっている。

1　2040年問題と歴史学

　近年、文系の大学教育に対して風当たりが強く、歴史学の価値も揺らいでい⁽¹⁾る。そのような状況下、2018年11月26日づけで中央教育審議会（中教審）が「2040年に向けた高等教育のグランドデザイン（答申）」を出した。20年先のことというよりは、現在の大学教育に対して、2040年問題をかかえた日本社会からのリクエストだといえる。現実的には経済界や、学生の保護者など教育に資金を投入する側からの要望といえるだろう。

　このグランドデザインが大学に与える影響は多方面にわたり、教員の立場、授業の運営、教育成果の学生への反映などにおいては、大きな改革が求められ、発想の転換さえ必要となるだろう。今まで通りのやり方では歴史学は社会貢献ができていないと言われかねない。しかし、グランドデザインに挙げられたどのような人材を育成するかという課題については、実は、歴史学とは親和性が高い。「Ⅰ．2040年の展望と高等教育が目指すべき姿—学修者本位の教育への転換—」と題された第1章よれば、以下のとおりである。必要とされる人材とは「予測不可能な時代を生きる人材」であるとし、具体的には「普遍的な知識・理解と汎用的技能を文理横断的に身につけていく」「時代の変化に合わせて積極的に社会を支え、論理的思考力を持って社会を改善していく資質を有する人材」としている。歴史研究者の多くは、これらの資質は有していると筆者は考える。ただ、それを社会にアピールする術に無頓着であるように思える。この節では授業をすることについて述べる前に、今課題として突きつけられていることに対して、歴史学が提供できるものについて触れておきたい。

時間の物差しを持つ

　2040年までの道のりを考えると、確かに予測不可能ともいえる変化が訪れかねないとも言える。しかし同時に、20年後の変化を考えた時に知的好奇心も刺激される。筆者が研究を通じて、近代の25年間の変化を観察してきた時間感覚を持っているせいであろう。20年あれば、大きな変化が生じることは当然であり、それが当初は想像もできない結果をもたらすことも何ら不思議ではない。また、中国東北地域から引揚げてきた方の聞き取りをする中で、その方々の50

年前に思い致す機会も得てきた。近代史を研究することは、このように対象と現在との時間がどれだけ隔たっているかを実感する機会が与えられ、100年・50年・25年ぐらいの時間の物差しを自分の中に持つことも可能である。20〜25年で大きな変化があることは珍しいことではなく、50年あれば栄枯盛衰が逆転することもあり得る。激動の近現代史を観察することは予測不可能な未来に対する耐性を養うことに通じるといえる。さらに、所属部局で「東洋史」を通史として一人で提供し、授業で新石器時代の文化から戦後の両岸関係までに触れようとすると、500年単位、250年単位のスケールも必要にかられて身についた。

　これら複数の物差しは「予測不可能な時代」に対してはかなり有効である。しかし20歳前後の学生にとっては、就職を想定した 4 年先のことを考えるので精いっぱいであり、10年をつかって時間を考えることも難しいだろう。授業のなかで学生の不安感に気づく機会があった。現代という時代の認識を聞くためのアンケートで「いまの世の中に対して、満足かどうか」という問いに対して、見通しがきかないことを不安がる答えが多かった。[4] 学生たちの回答には自分たちの生きる社会が決して上向きではないと認識していることが感じとれた。[5] やってくる状況が未知のもので想像できないような気になり、不安感をかきたてられている。しかし100年や250年単位で歴史を見たうえで20年をみてみれば、想定される最低な状況は到来したとしても、四半世紀先にはその状態からの脱出が始まっているという前向きな見方もできるはずである。楽観的すぎるだろうか。しかし、そういう見通しをもつ物差しがあれば、不安に囚われずに、次の状況がくることを想定した対応をすることも可能ではないだろうか。

記録の技

　歴史研究をするうえで必要なるのが、ドキュメントの扱いである。特に近現代史は一次史料を扱う機会に恵まれることも多い。今では、公文書、エゴドキュメント、口述資料といった様々なものが分析対象となる。その扱い方についてはどのようなものであっても客観性を保証するために、誰によるものか、どこで作られたものかを記録し、時間の順に並べて整理をすることが基本である。さらに誰もが使えるように整理することで研究の再現性が担保される。この共通認識に基づいてドキュメントが保存され、整理され、分析することが歴史学を科学たらしめている。

　また記録しようという姿勢は、あらゆる分野のドキュメントに向けられている。文系学部で歴史学の教育を受けた研究者から産業史や技術史にフィールドを広げる研究者が増えている。彼らは理学部や農学部の基礎的な講義や実習に参加してものの見方を学び、理系の学問の残した史料も読み解いて使用している。彼らは史料を読み解く対象と見なすと同時に、その分野の記録を残しておくことにも意欲的に取り組んでいる。企業や団体の関係者や、技術者から話を聞き、廃棄寸前のドキュメントをひきうけて整理し、企業史やライフヒストリーにまとめる研究者やグループもいる。

　グランドデザインは「汎用的技能を文理横断的に身につけ」た人材の育成を求めているが、理系の学問技術の歴史に踏み込んでいく例に見られるように、分野のいかんにかかわらず記録に立ち返るという姿勢によって歴史学は文理の壁を越えいける可能性をもっている。またこのような記録を扱う技術を以て、具体的な事例と社会の変化をつなげて考えることは最終的に論文へと結実する。論文に込められた知見は、現在の社会への問題提起を含んでおり、この点で歴史学は「時代の変化に合わせて積極的に社会を支え、論理的思考力を持って社会を改善していく資質」を育まないはずがないのである。

　歴史学が分析対象とするものも、視点や枠組みも今や多様である。しかし、時間の流れによる変化を客観的に受け止め観察する視点と、記録を扱いそこに立ち返るという姿勢がある限り、グランドデザインが突きつける課題を前にしても存在意義はゆらがない。しかし、社会にそれが十分に伝わっていない。保護者との面談では「歴史学をやっても就職の役に立たないと思うんですが、でもやりたいことを子供にやらせてやりたい」というような言葉にしばしば出会う。これは歴史学は趣味の学問にすぎないと思われている証である。しかし、これからの混迷の時代を生き抜くためには不可欠の知の技法なのである。

2　学部生に歴史学研究の体験を提供する

　このような歴史学の意義をアピールし、社会に還元していく重要な方法の一つが大学での教育活動といえる。大学院での教育活動では研究の一端を示し、史料をともに読み、先行研究をとりあげて議論をするレベルのことが可能である。しかし、学部生の場合はどうだろうか。100人近い学部生を相手に講義を

行う場合には、大学院の授業のような教員の研究プロセスのシェアは困難である。では学部生に向けて授業をする上で必要なことは何だろうか。

　まずは聞き手の知識や歴史科目に対する認識を把握することではないだろうか。高校教科書は最新の研究動向をできる限り織り込む努力を払って執筆され、歴史科目が暗記物にならないように注意深く編集されている。さらに英雄の物語にも、事件史の集積にもならないように作られている。しかし、残念なことに、入試を経て大学に入った学生に接すると、教科書の内容は断片的に用語として記憶されていることを知る。教科書執筆者が苦慮して本文に盛り込んだ大きな流れの中に具体的な事象を置いて考えるという歴史学のものの見方は、一つ一つの用語と同等、あるいはそれ以上に大切なのだが、学生にはほとんど身についていない。その一方で、教員の側としては高校教科書レベルを越えたものを大学の授業で提供しなければならないと考えがちで、教科書に出ていることぐらいは知っていると思いこんで授業をすると学生を置いてきぼりにすることになる。また、学生は歴史学の授業で、考え方や視点を学ぶのではなく、物語を聞かせてもらうことを期待している場合もある。しかし、それは歴史学の学問としての本質ではない。だからといって歴史学とは何かを語るだけでは、学生はそれを理解できない。そこで次にすべきことは、学問としての歴史学の技術を体験的に学ぶ機会を提供することである。本節では学生に伝えるべき具体的なスキルについて考えたい。

ICT 社会におけるアナログ的経験の必要性

　車が発達し、移動が便利になった結果、運動不足からの体力低下が懸念されるように、便利さに溺れれば、必ずその部分の能力は退化していく。ICT (Information and Communication Technology) によって情報が素早く簡単に得られるようになったことは、実は我々の能力のうちの何かを退化させはしないだろうか。脳の構造については専門外だが、ICT 技術への依存が個体としての人間の分析力や判断力を退化させはしないかと懸念している。

　検索エンジンが情報の山から必要なものをリストアップしてくれることは作業のスピードを上げてくれはする。しかしこれは、キーワードとの適合率の高さあるいは引用頻度や利用頻度の高さという公式化されたものに依拠した結果であって、それ以外の可能性を排除してしまう。このような検索作業に慣れる

ことで、情報を自分なりに並べ替えたり、優先順位をつけたりすることから縁遠くなっていはしないだろうか。

　足腰を鍛えるためにランニングをする人間であったとしても、車の運転方法を学び免許を取得して使いこなすのと同様に、AIやインターネットは使いこなしたほうがいい。だが、それに依存するのではなく、デジタル化されていない情報を網羅的に集め、集めた情報を自分で並べて見つめることからキーワードを探しなおすような、非効率的な作業が必要なはずである。そうでなければ、分析視角はありきたりなものばかりになってしまう。

年表作成の習慣

　そのような情報整理のトレーニングの基本に年表作りを入れることを提唱しておこう。複雑な出来事についての叙述を読んだときに、理解できない場合にどうするか。書かれた情報を整理しながら読むことが基本である。その一つが年表を作りながら読むことである。だが、その習慣がある学生は驚くほど少ない。基本中の基本といえることだが、実は年表をつくることがどれだけ大事なことか、伝える必要があるのではないかと考えている。

　出来事を時間順に並べてみて、その時に何らかの節目があることに気づくことが歴史研究の基本である。それゆえに、年表をつくること、他者の作った年表を総覧すること、そこから自分の関心にそって出来事を選ぶこと、あるいは、自分の選んだ出来事を年表の中に入れて考察すること。このような思考作業を我々は当たり前のことだと思っているが、実はこの情報機器に囲まれた便利な時代にあっては、大学に入ったばかりの学生には当たり前ではなく、学びとしてトレーニングして身に着けていかなければならないことなのである。

　年表作りを苦行に終わらせないための方法として、自分の周辺に起こったことを年表に組み込んでいくことをトレーニングさせてみるのも一つだろう。自分とその家族のライフヒストリーを近現代史の年表の中に置いてみることは簡単なことではあるが、意外とやったことがない学生が多い。この作業をさらに一歩進めると、時代を刻んでみるためのものさしをもつ訓練にもなる。多くの学生にとって、自分の親が今の自分と同じぐらいの年齢だった時というのが25年ぐらい前である。さらには、祖父母が同じぐらいの年齢だった時というのが50年ぐらい前といえるだろう。これによって体感的に25年や50年を把握できる。

　それを敷衍して、1945年の50年前がどれくらいで、50年後がどれくらいか、という感覚から100年を把握するなどしていくことも可能となる。こうした物差しの汎用性を高めるためには、何かを考えるメルクマールになるような事件や出来事の年代は目盛として覚えておくことも必要だろう。

史料講読

　先に述べた年表の作成は情報を整理する作業の中では極めて単純である。時間にそって並べるだけだからだ。むしろ情報を整序するトレーニングとしては史料講読の有効性を訴えたい。

　しかし、実際には史料講読が学生にとって意義のあることだと説明するのは難しい。中国史研究をするのであればそれぞれの時代の漢文を読む必要がある。筆者の世代であれば、高校までに若干の白文をよむ訓練もしており、漢文が好きだという学生も多かった。しかし、現在、歴史学を学びにくる学生であっても漢文はほとんど勉強していないのが現状である。大学入学までに漢文に触れる機会が少ないことも、中国史に興味を持つ学生が少ない原因に一役買っているかもしれない。現在、学生への史料講読に漢文が妥当であるのかどうか、この点はここではいったん保留しておきたい。だが、加工されていない情報である史料に触れることについては学生時代に体験する必要があると考える。

　史料講読のもう一つの意義は時代を越えたものと出会うことだ。学部生であっても、考古学の実習であれば出土遺物の実測を行う機会が与えられる。このような、歴史遺物そのものと出会って、そこから情報を引き出す経験を文献史学であっても提供することが理想といえる。日本史の近世史や近現代史であれば古文書の整理を学ぶ機会がある。つまり、対象とする時代に存在したものを直接目にし、条件が恵まれれば手で触ることができる。できれば外国史であっても、そのような機会があることが望ましい。

　外国史研究であれば、なかなか現物に触れる機会はないが、デジタルアーカイブが充実している現在、これを使わない手はない。漢文が読めない、崩し字が読めない段階では読み取れる情報は限られてはいるとしても、それを観察して情報をとるものであることを、知ってもらうことが可能である。このほかに、中国の改革開放後の変化の急激さを考えると、20年ほど前のものでも、歴史の変化を感じることができることもある。1980年代90年代に出版された図書であっ

ても十分に史料たりえるだろう。それらならば、日本にも全くないわけではない。また、旅先で手に入れた広告やパンフレットなどでも、時間が経てばその当時を知ることができる貴重な史料になりえる。

　史料講読では、規格がまちまちのものが情報源になり、それが整えられて分析されていくプロセスを実感すると同時に、多くの情報をみてそれを分析する訓練も実習として行えるのが理想である。石の上にも三年で、じっくり史料とつきあう中で、史料から何か見えてくる体験があって我々は研究を続けているわけだが、それを学生にも感じてもらえる史料講読の授業が提供できれば何よりである。しかしCAP制に縛られ、アルバイトに忙しい学生は史料講読を1年受けたあとは、同じ史料群を対象として2年目3年目と継続して受講することは稀である。セメスター制が一般的な現在、授業は1セメスターでいったん区切りをつけなくてはならない。この短期間に扱える限られた量の史料から、何か見えてくるらしい、という程度の体験を導きだすにはそれなりの工夫が必要になってくる。

　筆者が現在提供しているのは、試行錯誤の段階ではあるが、各地の世界史の教科書を分析対象として読む授業である。現在使われているものを扱うため、厳密には史料とはいいがたいが、現在という時代を反映している教育についての原資料ではある。受講生の第二外国語と筆者のコレクションの限界から、英語・中国語・韓国語の世界史教科書が対象である。これらから学生の関心に基づく事象を選択してもらい、そこに関する歴史叙述を講読してもらう。それを得意な言語を分担しあうことで、複数の教科書の内容を訳出し、比較しあってもらう。政府の違いは歴史教科書叙述に反映されており、何らかの発見は必ずある。例えば、日清戦争を扱えば、Shino-Japanese War、清日戦争（韓国語の漢字語表記）、甲午戦争と表記に違いがあることに気がつく。それを意外だと感じる学生は多く、このような予想外のことが隠れているはずだと、期待感をもりあげて、外国の教科書に向き合うように仕組んでいる。ほかにも台湾の高校歴史の教科書では、1945年以降の大陸での出来事は、台湾史・中国史・世界史と分かれたなかの世界史分野で扱われているというのも学生にとっては発見である。教科書ほどとりまく状況に左右されることを実感させてくれるものはない。とはいえ、このような史料が見せてくれるものに気づき、発見をしたという体験をできるのが一度きりでは不十分である。複数の授業をもっと明確に

関連させて提供し、歴史学の学びを体系だて実感できることが望ましい。しかし、授業とは研究者一人一人の独立した表現の場でもあるため、授業の相互乗り入れや連携を教員間で持つことは簡単ではない。

3　大学教育で中国近現代史研究者ができること

教養科目としての歴史の授業

　前節までで、歴史学のディシプリンを身につける初歩的段階として学部生に何を提供するのかについて考えてきた。ここからは、より具体的に中国近現代史研究者が教育現場で担える事は何かについて考えたい。大学教育において、中国近現代史研究者が担える部分は、3つに大別できる。第一に専門科目としての歴史の授業であり、専門性の高い事例を講義するもの。第二に教養科目の歴史を典型例とする、歴史を専門としない学生を対象とするもの。第三に中国語教育である。

　研究者が個別の研究を教育に反映できる度合いの高さからいえば、専門科目が一番ではあるが、受講者が広範にわたるものとしては、教養科目の歴史の授業であるので、ここから述べたい。

　高校教育において、今後は歴史科目では歴史総合が必修となる。指導要領解説を見る限り、この科目は、歴史の因果関係や全体の流れと具体的な出来事の関係、一国単位ではなくグローバルな世界のとらえ方のなかで出来事を理解するという歴史学的な思考を学生に促すことに重点を置いており、歴史を暗記科目から解放する期待ができるものである。しかし当面のところ、大学入試は選択科目の世界史探究や日本史探究を学ばなければ対応できないままでいくだろう。そうなれば、歴史総合の科目での学びが大学入学時点での学生の歴史的な思考力を引きあげることは期待しにくい。結局はどれだけ暗記したかが重視されたままになりかねない。だからこそ、隣接地域への視点や、周辺地域との関係から日本という場所を客観視することは、大学の教養教育において再度強調されていいのではないだろうか。周辺地域との関係を見る視点を提供する授業を大学の教養の世界史に期待するとなれば、中国近現代史研究者はいくらか専門を活かすことができる恵まれた位置にいるといえる。ただし、教える側は学生の知識が中学歴史や歴史総合でとりあげられる基礎的なものにとどまってい

る可能性もあることを意識して、学生の既存の知識から説き起こすようにしたほうがいいだろう。

外国語コンプレックスを克服する契機としての中国語学習

　外国史研究をする者が、大学で職を得ようとする場合、語学教育に携わることも多い。歴史研究という専門をそのまま教育現場にもちこみやすい歴史の授業や地域研究の授業と比べると、語学の授業は歴史学から離れるような印象がある。しかし、語学は外国文化を理解する際に、最も基本となる部分である。

　語学の基本は読む・聞く・話す・書くの４技能をまんべんなく身に着けることである。一方で、日本国内にあって外国語能力を日常的に使うとしたら、情報の収集、つまり読む技能が最も活用頻度が高い。インターネットが発達した現在、日本にいても外国語の文章を読むことは簡単にできる。むしろ、日本語サイトから得られる情報に満足できなくなったときに、外国語サイトは新たな視点や情報を提供してくれる。たった２年の教養課程の外国語学習がその後に生かされうるのは、読んで情報を得ることではないだろうか。欲をいえば音声からも情報を得られたほうがいいし、話して書くことを通じて外国語で情報発信する能力も必要である。しかし、実際に使うまえに己の語学能力に幻滅して、挫折するよりは、使いやすいスキルから高めて、興味をもつようになり、そこからより深いかかわりを持つような学びもいいのではないだろうか。その点で、４技能の基本を終えたところから、読む能力を重点化して身に着けるようなカリキュラム構成も有効だと考える。

　母語以外の言語から情報を集められることをさらに効率よく行おうとすれば、近年は翻訳サイトを活用することも無視できない。筆者は外国語の情報を得るにあたって、必要であれば翻訳アプリを道具として使うことを学生に認めている。それだけで、外国語に向き合うプレッシャーは軽くなるらしく、学生は外国語を読んでみようという姿勢を示す。ただし、読み取りミス、単語の切り方をAIが間違えること、固有名詞や専門用語に対してふさわしい訳語をAIが選択できないことを指摘し、AIによる翻訳の限界を示し、人間が添削し文脈を踏まえて意味の通る形にしなければならないことは強調している。

　この添削作業は語学学習をないがしろにしていてはうまくいかない。文法を理解し、慣用句やことわざをはじめとした文化に立脚した独特の言い回しを理

解している必要がある。例えば、「吃飯了嗎？」をAIに翻訳させると「ご飯を食べましたか？」という直訳を答えるが、これを文字通りに受け取ってはいけない。また、AIが意訳するようになって「こんにちは」と訳した場合、その意訳の背景をしらずに訳を受け止めてもいけない。文献読解上の理解としては、「食事はもうおすみですか？」というフレーズを交えた食事時の挨拶という文化を知っていなくては十分といえない。つまり、結局はAIを指導できるだけの、語学のトレーニングがAIを使う側の人間にも必要となる。そのためには、その言語学習の入門段階ではAIの翻訳を使っていてはならないし、常に基本単語やフレーズは覚えてしまわなくてはならない。土台ができていなくては、AIに足元をすくわれることになる。

　これだけ、AIや翻訳機が世に出回るようになった今、それを否定した外国語の運用は現実的ではない。これらが日本人の外国語コンプレックスを緩和してくれるのならば、基本の語学教育のなかに組み込み、外国語で発信された情報をも積極的にとりにいけるようなスキルの形成を、大学の語学教育に期待してもいいのではないだろうか。

　そのうえで、中国語は第二外国語のうちでは比較的人気が高い。中国に興味はなくても、漢字を使うことから入門しやすい点を選択理由に選ぶ学生も多い。その場合、学生は過去にアルファベットで綴られた文章に挫折した経験を持っていたりする。そうであればこそ、語学学習における成功体験を持つ学びなおしの重要な機会でもある。AIの駆使も含めて、外国語で書かれた情報をとりにいけるようになることは、案外簡単であることを受講生に実感させやすいのが中国語であるといえる。そのために、読んで得た情報を興味深いと思えるような読み物を探すことも重要になってくるだろう。

卒業論文に取り組む意義

　最後に学部生に対する専門教育としての歴史学について考えたい。学生に提供する視点や講読の授業についてはすでに述べたので、ここでは卒論指導を取り上げる。

　実際には担当する卒論ゼミの学生のなかで中国を対象とするものは半数以下である。中国近現代史となるとさらに少ない。日本近現代史の教員が欠員であった時期に受け入れて以来、日本の近現代史に興味のある学生が来ることもある。

さらに聞き取り調査にかかわる授業を担当していることから、フィールドワークに興味を持つ学生もいる。そのせいもあって、学生に中国を優先して研究対象に選べとは言えないでいる。学生各人の関心に基づいて対象を選び、アジアを視野にいれて対象をみることを求めるということを最低限の約束としてゼミを運営している。

　そのなかで、ゼミナール形式の授業時間を通じて、学生に繰り返して伝えているのは、書籍の内容を切り貼りしたものを卒論とはいわない、卒論は個人の研究成果報告であり、研究とは対象物を観察・分析・考察する作業であるという点である。はじめての論文執筆は根気のいる作業であるから、観察しつづけることが自分にとって苦痛ではないものを対象として、取り組むことを奨励している。その対象に関する文献があるならばそれを読み、赴くことができるなら足をはこび、インタビューができるならば聞き取り調査をおこなうという形で観察しつくすことを求めている。その観察した結果を分析すること、具体的には複数を比較したり、年代順に並べたり、分類したりする作業を通じて、何かの発見にたどり着く。さらに発見したことを先人の見解、つまり先行研究を参考にしながら考察し、意味づけることが研究という行為なのだと強調している。卒論執筆という作業を通じて、知って終わりではない学びがあること、忍耐力をもって対象に向き合い、対象に関する情報をこれでもかというまで集め、分析から気づきにいたるという知的生産を知って欲しいと考えている。

　実際には観察、分析、考察というプロセス自体は歴史学だけのものではない。文学研究でも社会学でも、さらには理系の諸学問であっても共通する。大学で学ぶ研究という行為の基本である。そしてこの知的作業は大学を離れたとしても、それぞれの活動の場で活かすことができる。しかし、やり遂げたと学生が自覚して満足できる自己評価ができなければ、卒業後にこのような作業を再びやろうとは思えなくなってしまう。それでは大学での学びが卒業後に見失われ、文系不要論を容認する空気にとりこまれてしまう。卒業論文の執筆に充実感をもてるよう学生をサポートすることは社会に研究者への理解をもってもらうためにも必要なのである。

おわりに

　歴史研究のなかで、どの国どの時代を対象とすることが最も重要か、などということを議論する気はない。しかし、日本という場所で、中国の近現代について研究し、日本を市場としてその成果を発信する人材の再生産が滞っているのではないかという危機感を感じている。筆者の勤務する学部には博士課程がないため、本学のカリキュラムだけで中国近現代史研究者を養成することはできない。しかし、研究者を志そうとする芽をはぐくむことはできるはずである。しかし、それをできていただろうか。

　受講者の授業満足度が高かった場合であっても、本音を言えば、中華文化圏を観察することは知的刺激に富んでいるということを学生に伝えることを怠っているのではないかと不安になる。そう考えてしまうほどに中国の近現代に興味を持つ学生は少ない。自分の研究領域と同じ分野を専門科目として講義できるのは研究者としてかなり恵まれた状況にある。そのなかで、扱う分野がいかに知的刺激に満ちているのか伝えられないというのは、おのれの首をしめているに等しい。質の高い研究を目指すことは当然であるが、それだけでは足りないのである。いまや研究は大学での教育を通じてそのディシプリンの一端を学生が習得できることを保証し、それが社会にとっても意味のあることをアピールしなければならなくなった。自分の研究を語るだけでは食べていけない時代なのである。

注
（１）　文系の教育に対する風当たりに対しては、吉見俊哉『「文系学部廃止」の衝撃』（集英社新書、2016年）、本田由紀編『文系大学教育は仕事の役に立つのか』（ナカニシヤ出版、2018年）などが冷静な反論を提示している。
（２）　歴史学の価値については、史学概論を扱った論著などが多数にのぼるが、2019年に世に問われたものとして以下２点をあげる。『歴史評論』833号の特集「大学における歴史研究／教育に現在と未来」、與那覇潤『歴史がおわるまえに』（亜紀書房、2019年）。
（３）　文部科学省 HP「2040年に向けた高等教育のグランドデザイン（答申）」本文３−４頁に2040年に必要とされる人材として説明がある。

（4）「東洋史」の授業の現代を扱う講義で、天安門事件をはじめとした社会への不安に対する市民の動きを紹介したあとに、学生自身の社会に対する認識を聞くために行っている。2018年2019年と「いまの世の中に対してどうか？」という問いに対して、「満足、やや満足、なんとなく不安、不安」という4つの選択肢からひとつ選んでもらい、その理由を自由回答で寄せてもらっている。回答は「なんとなく不安」が約三分の二を占めていた。

（5）　2019年は新聞やニュースなどを通じて高齢化社会の懸念が言われたためか、高齢化社会への懸念が不安に対する理由としては多かった。また、東アジアの国際情勢に対する不安を挙げる回答も常に一定数いる。「労働力、2040年に18.8％減　ゼロ成長・労働参加進まない場合の推計　厚労省」『朝日新聞』DIGITAL、2019年1月15日。

（6）　とくに農学分野においては顕著である。藤原辰史『稲の大東亜共栄圏―帝国日本の＜緑の革命＞』（吉川弘文館、2012年）など。永井リサ氏は森林史に取り組むにあたって、林場での実習に参加して森林に対する知見を深め、それをふまえて中国東北地域でのフィールドワークを行っている。永井リサ「フィールドノート　長白山植物区現況調査」（近現代東北アジア地域史研究会『News Letter』15号、2003年）、「現地調査報告　旧官牧廠地域の荒漠化と緑化」（近現代東北アジア地域史研究会『News Letter』16号、2004年）

（7）　たとえば「満洲の記憶」研究会は積極的に聞き取り調査を行うだけでなく、戦後の引揚者同郷会の史料の記録保存にもつとめている。
http://manshunokioku.blog.fc2.com/（2019年12月8日閲覧）

◆文献一覧

永井リサ（2003）「フィールドノート　長白山植物区現況調査」（近現代東北アジア地域史研究会『News Letter』15号）

永井リサ（2004）「現地調査報告　旧官牧廠地域の荒漠化と緑化」（近現代東北アジア地域史研究会『News Letter』16号）

藤原辰史（2012）『稲の大東亜共栄圏―帝国日本の＜緑の革命＞』吉川弘文館

本田由紀編（2018）『文系大学教育は仕事の役に立つのか』ナカニシヤ出版

文部科学省HP「2040年に向けた高等教育のグランドデザイン（答申）（中教審第211号）」平成30年11月26日　http://www.mext.go.jp/b_menu/shingi/chukyo/chukyo0/toushin/1411360.htm（2019年9月22日閲覧）

文部科学省（2019）『高等学校学習指導要領（平成30年度告示）解説　地理歴史編―平成30年7月』東洋館出版社

吉見俊哉（2016）『「文系学部廃止」の衝撃』集英社新書

與那覇潤（2019）『歴史がおわるまえに』亜紀書房

『歴史評論』833号（2019）特集「大学における歴史研究／教育の現在と未来」

　　高埜利彦・糟谷憲一・川手圭一・津野田興一・司会源川真希「【座談会】大学にお
　　ける歴史研究／教育の現在と未来」

　　高柳友彦「経済学部での歴史研究・教育の現状」

　　森下嘉之「人文社会科学系学部での歴史研究の現状―世界史教育―」

第10章　ユニバーサル・ヒストリーへの
険しい道のり
──「全球化^{グローバリゼーション}」と日本の中国近現代史研究

飯　島　　渉

はじめに

　本章の課題は、日本の中国近現代史研究をとりまく状況を私なりに整理し、価値ある研究を進めていくための提案をすることである。これは、学界としても意識されるべきことがらだが、あくまでも本書の趣旨に即して、研究を志す大学院生や大学院に進学したいと考えている皆さんを対象とした提案を行いたい。

　「「全球化^{グローバリゼーション}」と日本の中国近現代史研究」と題した旧稿で、私は、日本の研究をとりまく環境を「電脳化を背景とする研究のグローバル化の中での日本の研究の孤立化」ととらえ、広い意味での「制度」、すなわち、大学・大学院や学会・研究会などとの関係からこれを論じた（旧稿もぜひ参照をお願いします）。その後、中華人民共和国の建国60年を意識して、久保亨・村田雄二郎の両氏とともに、当時の研究成果をまとめた『シリーズ20世紀中国史』（飯島渉・久保亨・村田雄二郎編2009）の編集作業にたずさわった。これは、いわゆる講座本で、こうした企画が継続的に刊行されることが、日本の歴史学において中国近現代史の研究が一定の位置を占めるための基盤となると考えたからである。これより少し前に、辛亥革命研究会という東京にあった中国近現代史の研究会（学会ではないが、一時期、ニューズレターも刊行しており、長い歴史を持っていた）を解体させ、その理由を説明する意味も込めて、「「中国史」が亡びるとき」（飯島渉2011）という文章を書いた。

　物騒なタイトルの文章を公表し、日本の中国近現代史の領域には学会がないことを批判的に書いたので、身辺整理の必要を感じ、参加する学会を整理して、「感染症の歴史学」により傾斜した。現在のフィールドの一つは、日本住血吸

虫症の制圧の過程を調査しているフィリピンのレイテ島だし、資料とのご縁があって、山梨県甲府市の杉浦医院という病院が保存してきた第二次世界大戦後の日本住血吸虫症対策関係の資料（GHQや外国人研究者とのやりとり等）の整理も進めている。また、これとは別の風土病であるリンパ系フィラリアについて、日本の流行地であった長崎・愛媛・沖縄などで調査を進め、韓国の済州島でもフィールド調査を計画している。この病気は中国でも流行したことがあり、かなり独特な対策によって制圧された。関係者への聴き取り調査を準備中で、研究者への聴き取りは可能だと思うが、フィールド調査は難しいかもしれない。日本や中国、韓国において進められた住血吸虫症対策やフィラリア対策は、21世紀の今日、アフリカなどでの医療協力に活かされている。つまり、アフリカも私のフィールドのひとつである。感染症対策は手法の違いはあるものの原則は共通しているので、国際的な比較を行うのにはもっとも適切な対象である。私は、「感染症の歴史学」を方法としてとらえ、地域性にこだわらないことにした。ある時期からは専門領域や研究視角を「医療社会史」と説明することにしている。「本籍中国史、現住所不定」とも説明する。そうした事情もあるので、中国近現代史の研究を志す皆さんにもの申すことには躊躇がある。他方、皆さんがこれから歩んでいく道をほんの少し先に歩んできた者として、また、教員の一人として、大学・大学院という「制度」の中で皆さんと接する者の責任として、敢えて多様な見方を提示する必要性も感じる。

　そこで、日本の中国史が滅びるかどうかはしばらく措くとして、旧稿の改訂の機会を与えられたことを奇貨として、日本の歴史学や中国近現代史研究をめぐる状況について、率直な意見を述べることとしたい。

1　「内在的な危機」＝歴史学・人文学をめぐる危機

　大学における人文学の研究教育は不要だという主張がとみに強まっている。温度差はあるものの、その根底には、人文学がすぐに役に立たないという批判がある。歴史学への批判もその中に含まれよう。こうした批判に対して、人文学の有効性を主張することは必要であるし、長期的には必ず意味ある学問なのだという主張には私も反対しない、むしろ賛成である。中国研究についていえば、中国を理解するためにその歴史を理解することが必要であり、かつ有効だ

という主張はしごくもっともである。そもそも、「中国」とは何かという問題に解答するのが「中国」研究、「中国」史研究に与えられた課題の一つであろうから、その多様性や歴史性を主張することには確かに意味がある。しかし、それは、歴史学研究の固有の課題ではなく、「中国」研究一般の課題である。その意味で、21世紀の超大国としての様相を見せつつある「中国」の存在感に頼って「中国」史研究の有効性を主張するのでは十分ではなく、学問としての歴史学の有効性を主張することが必要だと私は考えている。つまり、「強い歴史学」が必要なのである（以下、「中国」という「　」書きは省略する）。

　それではどのようにしたら、「強い歴史学」をつくることが出来るのか。この答えは一つではなかろう。一つの階梯として、大学院生や若手の皆さんには、ぜひ歴史学の歴史＝史学史をきちんと勉強することを薦めたい。これは、古典的な文献や史学史をもっと勉強しておくべきだったと感じているから書いていることがらである。つまり、各論としての中国史と同時に歴史学を勉強してほしいのである。現在、大学院では、遅塚忠躬『史学概論』東京大学出版会、2010年を輪読し、学部ゼミナールでは、E・H・カー『歴史とは何か』岩波新書、1962年を輪読することにしている。歴史学を学ぼうとする学生や大学院生は、ふつうは特定の時代や地域のある歴史的なことがらに興味を持ってこの世界に入ってくる。つまり、明治維新史とか中国唐代の西域史、ドイツのナチズムの歴史などの個別的なテーマに興味があるものである。それは大事にしつつも、ぜひ歴史学自体への興味を喚起したい。現在の目標は、中国史を勉強して卒業したのではなくて、歴史学を専攻して、たまたま中国史で卒業論文を書いたという学生を養成することである。これは概して学生には評判がよくない。歴史学の方法をめぐる議論や史学史、つまり歴史学をめぐる理屈は研究論文を書いてみてはじめてその必要性が実感できるものだからである。しかし、どんな学問にも基本的スキルというべきものがある。資料（史料）を読解する史料批判が歴史学の基本的スキルであることに異論はないが、ぜひ、史学史をその一角に位置づける必要がある。大学・大学院の制度の中に史学史を位置づけるのは私たちの仕事なので（努力しています）、皆さんには、古典的な文献や歴史学の方法に関わる先行研究を参照することを薦めたい。

　歴史学入門において、E・H・カーの『歴史とは何か』に頼っているのは、日本の歴史学の怠慢を示すことがらである。カーがケンブリッジ大学で同書の

基礎となる講演を行ったのはなんと1961年のことである。社会史の隆盛も、言語論的転回も、あるいは近年の感情史にいたるまで、現代歴史学への方法的な問題提起は不断に行われている。同書はそれらを反映したものではないので、補足を要する。しかし、現在の歴史学の方法をめぐる議論は、カーによって素朴実証主義への方法的批判が確立されたことを基盤としている。翻訳による導入であったとはいえ、日本の歴史学への影響もたいへん大きかったし、ジョナサン・ハスラムによる評伝があり、(ジョナサン・ハスラム2007)『歴史とは何か』に関しても一章が設けられているので、これを参照しつつ、同時に、What is history? の原文を参照しながら授業を進めることにしている。

　史学史を理解することによって、「日本の歴史学は方法としては西洋史なのだ」ということ、中国を対象とした中国史もその方法は明治時代にお雇い外国人を通じて導入された実証主義をその基礎としていることなどを理解することが出来る。大学院では、増淵龍夫の『歴史家の同時代史的考察について』も取りあげる。津田左右吉と内藤湖南の中国理解とその方法を通じて、自らの中国理解の方法を鍛えようとした増淵の歴史学への姿勢に学ぶべきところは依然として大きい (増淵龍夫1983)。中国の大国化という現実の中でそれはむしろ強まっている。こうした文献を繰り返し読むと、その時々において、感じるところや印象に残る部分が異なる。まさに、歴史は「過去と現在の対話」なのだということを実感する。また、授業を通じて学生諸君からいろいろなことを教わっていることも実感する。皆さんもぜひ、方法として参照すべき古典的な文献や繰返し参照する古典を自分なりの基準で発見してもらいたい。

　私は、かつて『史学雑誌』の「回顧と展望」は、自分が専門としている領域ではない部分を読むことに意味がある、と書いたことがある (飯島渉2006：2)。その印象は現在でもかわらないが、ここ数年はかなりサボっている。というか、「回顧と展望」自体をほとんど読まなくなってしまった (外在的な言い方ですみません、でも、そろそろ止め時なのではないでしょうか)。歴史学の教育では、研究史を理解するために「回顧と展望」を読めという指導が行われているし、それが誤っているとは考えられない。しかし、最近は、大学院生には、「回顧と展望」を読んでいるようでは新しい研究は出来ないと言うことにしている (学部生には言いません、触れないだけです)。網羅的に過ぎると同時に、扱う対象が固定的すぎると感じられるからである。

　歴史学の方法にもっと自然科学的な発想を導入しようというのが、現在の私のスタンスである。例えば、梅棹忠夫（1957／1974）やジャレド・ダイアモンド（2000）などのスケールの大きな議論に惹かれる。最近、こういう分野も参照した方がいいと思う領域の一つは、山際寿一のサル学である。専門的な研究文献は別にあるのだろうが、手軽に読むことのできる著作も多く、たいへん印象的だった。ゴリラとサルは違うのだというこの世界の常識を知らなかったことを深く反省しつつ、ゴリラのオスが胸を叩くドラミングという行為は、相手に自分の存在を知らせるためのもので、殺しあうことはないのだという。ところが、ニホンザルの世界では、強いサルが来るとエサを独占してしまい、どちらが強いかはわかっているので、ケンカは起きにくいものの、もし起こった場合には、群れのサルは勝ったほうに加勢するという。つまり、ニホンザルは「勝つ論理」で出来ていて、ゴリラは「負けない論理」で出来ているというのが、山際のまとめである（山極寿一・関野吉晴2018：92-94）。こうした研究に気づいたのは、ネアンデルタール人は感染症に罹ったのかを調べているときに、サル学の文献を参照したことがきっかけで、きわめて新鮮で学ぶべきことが多いと感じた。

　歴史学の研究論文は、個別的なテーマで、かつ実証的に書かれるべきであるし、ある学術雑誌の編集委員長をした時の経験では、それをクリアするのが研究者への道の一つのハードルである。大学院の博士課程の時期に、査読制度のある学術雑誌に複数の論文を掲載することが博士論文提出の条件となっている場合も多く、それを３年という年限内に行うことは容易ではない。しかし、きわめてマイクロなテーマと思われる研究課題を設定したとしても、その歴史的な位置づけはマクロな展望との関係から説明することが必要になるわけだから、一見、歴史学とは距離があると思われる分野にも関心を払うことを薦めたい。ここで強調しておきたいのは、歴史学は人文学であるという前提を疑ってみることである。「強い歴史学」は理科系の領域も含めた領域横断的な研究によって成立すると思う。

2　人工知能との競争

　旧稿を書いたときからの大きな変化は、「電脳化」のスピードとその質であ

る。もはや「電脳化」という言葉自体が陳腐な表現となってしまった。資料の
デジタル化やデータベース化の進展には目を見張るものがある。現在、どんな
資料がデジタル化され容易にアクセスできるのかはまさに日進月歩で、わずか
でもある領域から離れていると、たちまち取り残されるのではないかと危惧す
る。

　ここ半年ほどのことに過ぎないが、私は、WorldCat という米国の OCLC
(Online Computer Library Center) が製作している図書・雑誌・地図等の世界
最大の書誌データベースを利用するようになった。授業でも教えている。
WorldCat は日々対象とする図書館を増やしており、各図書館がデジタルデー
タを蓄積しつつあるため（例えば、ある学会の刊行物を過去にさかのぼって PDF で
公開するようになったこともその一つ）、検索可能なデータが日常的に増大し、デ
ジタル化された形でアクセスできる資料も増えている。最初はなんと便利なデー
タベースなのかと思った。しかし、考え方が変わった。ヒットするデータが多
すぎるのである。

　正直なところ、私が認知可能な件数を超えるデータが示されるため、逆に、
うまく活用できない。人間は、ある程度限られた選択肢の中からは自分の嗜好
や必要に合ったものをうまく選択することが出来るが、選択肢があまりに増え
ると判断できなくなるという。デパートで服を買うとき、数点の中からは選べ
るのだが、あまりに数が増えると決断できずに、また次の機会にということに
なるのと一緒である。だから有能な店員は、過度にたくさんの選択肢を示さな
いようにするという。現在でも、一応は WorldCat を検索する。しかし、効
果が上がらないので、念のための確認にとどめる。むしろ、日本の国会図書館
程度の情報量（なんと不遜な物言い）の方が利用しやすい。授業では、このあた
りの勘所も話すことにしている。

　問題は WorldCat にとどまらない。私は、ごく普通の人間なので上述のこ
とも起こる。しかし、ここ10年ほどの間に急速に発達した人工知能の場合はど
うであろうか。「人工知能は歴史を書けるか？」というのが、ここ数年の大学
の新入生歓迎セレモニーでの私の話題である。同僚の先生方は、「また言って
やがる」と思うと同時に、私の危機感が年々増幅していることに気づいている
であろう。歴史学入門の授業でも話題にする。「歴史は、歴史的事実と考えら
れていることがらの、歴史家による選択である」という命題は、歴史学の世界

でかなりの程度認められていることがらである。だとすれば、私よりも圧倒的に多くの言語を理解し、眠ることなく資料を収集し、検索した結果やHPなどでの頻出度などから、ことがらの重要度を推測し、あることがらの因果関係についての仮説を構築することは、人工知能にとってはさほど難しくないのではないか。実際、文学作品の叙述も試みられており、歴史に関しても可能性があるのではないか。

　近年、「デジタル史料批判（digitally-enabled critique）」という世界も展開されつつある。これは、いろいろな資料をビッグデータとして位置づけ、その解析を機械的に行って、歴史学的な分析と交錯させようとする試みである。現在は、写真や地図のデータにとどまっているので、文字資料の史料批判を中心とする伝統的な歴史学とは距離がある。また、解析の結果もデータの視覚化（visualization）にとどまっており、歴史情報学が本来的に想定している既存のデータを重ね合わせて、従来は考えもしなかったことがある現象の要因であることを主張するまでには至っていないのが現実である。しかし、この領域では、古文書の解読や解析をAIが行うことが想定されていて、「デジタル史料批判」は、今後、伝統的な歴史学の領域に介入してくるであろうことが容易に予想される。これを、仮に中国史研究の世界で考えるとどうなるであろうか。資料のデジタル化という面では、台湾が先行し、その後、中国も本格的に開始した文字資料のデジタル化に日本の研究も大きく依拠している現実がある。しかし、中国学の世界で、その解読や分析は現代中国語への翻訳を通じて進むであろうから、例えば、漢文訓読を基礎として作りあげられてきた日本の中国学や中国史研究がこれに適切に対応可能かどうかは、なかなか判断できない。しかし、漢文テキストのコンピューター処理に関する研究をみると、想定されていることは、史料講読の授業で、「順序組みあわせを考え、きちんと辞書を引け」と言っていることと基本的構造は類似している（安岡孝一ほか2018）。

　歴史学の基本的な方法が選択だとすれば、選択肢が莫大に増加するなかで、その選択を行うことが出来るのは私ではなく、人工知能なのではないか。むしろ、歴史学の基本的な方法こそが人工知能の可能性を広げているのではないかという印象を持つのである。

3　研究言語問題の行方──文脈は共有できるか？

　研究言語問題についても考えを述べておきたい。旧稿では、「何語で論文を書くかという」問題を、英語帝国主義や中国史研究における中国語の比重、そして、研究言語としての日本語の領域の縮小などから論じた。問題の構造はあまり変化しておらず、但し、研究をとりまく環境としては、英語帝国主義がより拡張したかに見える。

　日本の大学院は、大学における歴史学の制度化とその大きな蓄積を基礎に、ほぼすべての領域において国内で完結できる体制を構築したので（外国で学位を取得することにも意味があるが、それは絶対的条件ではない）、現在でも、日本語の研究論文を書くだけで学位を取得できる。しかし、英語や外国語で研究論文を発表することが出来れば、研究交流はより進むし、外国の大学などでの仕事の可能性も出てくるので、英語や外国語で研究論文（研究書）を書くことの意味は大きい。その意味で、現在、東洋文庫が進めている英語論文の書き方の講座などは公開されており、ぜひ利用したほうがよい。また、各大学の大学院では、日本国内でも外国語（これは事実上、英語である）による研究発表の機会を設定するようになっている。そうした機会を逃す手はない。

　個人的経験は研究発表と研究論文に限られるが、すこし技術的なことも書いておきたい。外国語での発表がうまくいったと感じる時と失敗したと感じる時の分かれ目は、結局のところ、どれだけ準備をしたかにかかっている。発表の練習も必要である。単に原稿を読むだけではもったいない（といっても、英語会議での発表で、read a paper と言って、英語を母語としている人が原稿を読んでいる場合もある）。理想を言えば、ある程度の原稿が出来ていて、それを口語で言い換えた発表ができるといいと思う。また、この時、アイコンタクトといって、参加者の目を見て喋ることが必要である。これが意外に難しいので、意図的に試みる（本書のコラム①②も参照）。

　いずれにしても、準備と練習に尽きる。時間がかかる。この歳になっても、発表の前日には一応おさらいをする。筆者の趣味の一つは落語を聴くことだが、プロの噺家も必ず前日には予定の演目を稽古する。もうすぐ還暦なのに（実感わかず）、依然としてこんな状況なのだから忸怩たる思いがあるが、やはり準

備と練習は裏切らない、自戒を込めて。⁽⁷⁾

　研究言語問題は、ある意味では、何語で論文を書くかという問題に帰着する。ここで、もう一歩踏み込んだことを書いておきたい。外国語で発表する（論文を書く）際に、どんな研究史を意識し、かつ、結論をどのように説明するかは、発表する（原稿化する）言語を中心に考える必要がある。例えば、中国語で研究発表をする場合、問題の説明を中国語圏の研究史に即して行わないと、聞いている側が理解できない。これは、どんな言語でも同様の配慮が必要である。また、英語で研究論文を執筆する場合、問題の設定や研究史は意図的に英語圏の研究を中心に構成しないと、読者がその意味を理解できない。つまり、日本語の研究史の上に問題を設定し、それを翻訳しても文脈が共有されない危険があるということである。

　この問題は、外国史の研究においてきわめて大きな、かつ本質的問題である。あるいは、翻訳は可能かどうかということがらにもつながる。近年、さまざまな研究書が英語や中国語・韓国語に翻訳されており、研究言語問題の様相に一石を投じている。⁽⁸⁾他方、中国語や韓国語の研究書が日本語に翻訳されることは稀であり、日本の外国史研究をめぐる非対称的な構造、つまり、日本の研究の孤立化の一面を象徴している。現在、中国での資料公開状況はかつてないほど厳しく、留学なども含め長期的に中国に滞在する動機づけが弱まっている。他方、英語圏での中国研究においては、一次史料へのアクセスのレベルが下がり、どちらかというと解釈に重きを置く研究が増加している。こうした中で、日本の研究者が外国語で研究発信することの意味は小さくないであろう。

　最近、私は、お茶の水女子大学で開催された「グローバル・ヒストリーと国際日本学」（2019年7月6日）というシンポジウムに参加し、南カルフォルニア大学の日本古代史研究者、ジョーン・ピジョー教授の「What can Japan's history contribute to world history?」というテーマの興味深い講演を拝聴した。なお、この講演はタイトルは英語だが、実際の講演は日本語だった。ピジョー氏は、日本の日本史研究者が使うのと同一の史料や学術論文を参照しつつ、自らは「日本国外に日本史研究の世界を幅広く広め、日本史に興味をもつ人々を増やしていくという点では私は異なる学界を結びつける、一種の橋としての役割をしていると言えると思います」と述べた。

　外国の日本史研究者が日本の日本学（実際には日本史）の学会で述べたこと

がらは、中国語圏の学問、研究史への外国人（日本人）研究者の立ち位置の問題としてたいへん参考になる。他方、講演なりコメントが日本語で行われたとしても、そのもとになった研究論文なり研究書はデファクトスタンダードとしての英語で書かれ、その一部が日本語に翻訳されるという状況であることにも注意しておく必要がある。

　日本史研究の場合、日本語で行われる研究と外国語（実際にはほとんど英語）は、一対一対応なので、問題はシンプルである。そして、中国語圏の中国史研究（中国・香港、台湾、シンガポールさらには華人の世界をそれぞれ意識する必要があるので、この面でも中国語圏は多様である）も中国語と英語の一対一対応の問題である。しかし、日本語の中国研究は、中国語と外国語（デファクトスタンダードである英語）の外部に位置しているので、日本語で書かれる研究論文が大きな影響力を持つことはほぼないと言わねばならない。ここに、日本の外国（中国）研究の辛さ、苦しさがある。研究言語としての日本語の位置は今後より縮小するだろうから、個別的な研究論文も英語あるいは中国語で書く必要性が高まると予想される。「What can China's history in Japan contribute to world history?」という問題は日本の中国（史）研究に課せられた宿題である。結局のところ、英語や中国語によって発信されることを通じて、その普遍的な意味を主張することになるであろう。

　AAS（Association for Asian Studies）は米国で会議を開催する場合とアジアの各地で会議を開催することを交互に繰り返していて、ICAS（International Convention of Asian Scholars）というオランダのライデン大学中心の学会もほぼ同様の発想で会議などを開催している。これは、ある意味では、「知の英語帝国主義」に他ならないが、他方、これをうまく利用して、研究を発展させることも可能である。以上は、アジア研究の会議だが、経済史の会議や医学史の会議（個人的な経験でのみ指摘している）もあり、そうした機会はかなり多い。[10]

　中国における国際会議に関して言えば、かなり昔から、外国人研究者が発表することが普通だった。私も大学院生の時からそうした会議に数多く参加した。考えてみれば、中国の中国史研究は国際的にかなり開かれていた、しかも、大学院生にも。そうした機会を提供して下さった方々に感謝する必要がある。

　中国における会議言語がどうなるかは興味ある問題だが、圧倒的に中国語、すこし英語という構造はしばらくの間は続くであろう。大国の民は外国語が得

意でない。米国しかり、ある時期の日本しかり、そして中国もそうである。また、現在のように中国が大国化の方向性を維持している間は、中国語はなくならないと思われる。[11]

　日本語の研究がどのように生き残っていくのか、また、どのように意義ある研究を行うかが問われている。何語で研究論文を書くかはぜひとも意識したい課題である。そしてこれはかなり険しい道のりである。中国近現代史の研究の場合、母語以外に少なくとも中国語と英語の両方できることが求められる。順序を付けて、第一言語を英語にするか、中国語にするか、あるいはその逆にするかは、留学などの事情にもよるだろうし、研究課題によって選択されてもよい。そして、研究言語問題は外国語化すればよいということではなく、翻訳可能性において文脈をどのように共有できるかという問題があることを指摘しておきたい。[12]このレベルを要求する以上、大学、特に大学院ではその能力を涵養する制度（教育のシステム）が必要になる。これは、学界としての課題である。

一つの結論

　この原稿を書いていた2019年、香港では学生などの若者を中心に、政府への過激な抗議行動が起き、たびたび訪れたことのあるいくつかの大学も運動の拠点となった。2020年になってもその推移は予断を許さない。雨傘運動を伏流としながらも、逃亡犯条例を契機とした運動がここまで過激化し、大衆化するとは考えていなかった。中国の大国化に目を奪われ、香港の今日的な状況への理解が足りなかったことを反省した。米中貿易摩擦からもいろいろな印象を受ける。相互の課税対象を見ると、米国が課税対象としている中国品がほとんど工業製品なのに対して、中国が課税対象とする米国品は自動車を除くとほとんどが農畜産物である。中国が世界の工場となったことを実感する。そして、一帯一路である。この政策は私の研究領域にも関係している。医療や公衆衛生の面から20世紀の中国をふりかえると、それは、「東亜病夫」から医療・衛生大国への道であった。20世紀末、中国政府は医療や衛生事業の徹底した市場化を図ったが、21世紀初頭、2003年のSARSの流行をきっかけとして、医療・衛生事業への政府の関与を再び強め、この面では「大きな政府」へと舵を切ることになった。20世紀後半、中国が進めた医療、衛生政策はいまや China Way

としてアフリカへの医療援助の方法として意識されている。

　感染症を研究対象とし、「感染症の歴史学」を手法としたとき、地域性は大きな問題とはならない。このことによって、逆に歴史学とはどのような分析手法なのかを強く意識するようになった。変化を論じること、時間を研究対象とするのが歴史学なのではないかというのが現在の考え方である。

　旧稿からある程度の時間が経過し、グローバル化とIT化がより速度をもって進展した。また、歴史学が人文学の中核として機能するかどうかが問われるなかで、本稿では、私の考えを率直に述べた。日本の中国近現代史の研究に求められている道はとても険しい。しかし、それは、これまでの研究蓄積の豊富さを背景としており、また、その道は普遍的な性格を持つものであるとも感じられる。外国研究であるがゆえに、普遍性を強く意識せざるをえないことは逆に強みなのだ。そして、英語化は暴力的な側面を持つが、同時に、歴史学としてはユニバーサルな性格を持つ可能性もある。

　国際保健には、UHC（Universal Health Coverage）という言葉がある。これは、全ての人が最低限の医療や公衆衛生にアクセスできる体制を表現したものである。UHCは、20世紀の日本が達成した大きな成果であり、普遍的な価値を持つとして、医療協力や国際保健の世界のキィ・ワードの一つとなっている。それを敷衍すると、ユニバーサル・ヒストリーへの試みが、歴史学の文脈を共有できるのではないか、というのが本章の主題である。その道は険しい、けれ(13)ども、人が通ったところに道は出来るというのが20世紀中国史の教えるところである。以上が、現在の私の結論、但し、あくまでも「一つの結論」である。

注

（1）　野沢豊・田中正俊編『講座　中国近現代史』東京大学出版会、1978年、という7巻本が刊行されていた。筆者が学部生の時に中国近現代史を専門的に勉強しようとしたとき、まず手にしたのがこの講座本だったので、ある時期にそうした役割を果たす企画が必要だと感じたのである。

（2）　中国語訳の「"中国史"消亡之時」人間文化研究機構『日本当代中国研究』2012、があり、現在でもPDFが提供されている、https://www.waseda.jp/prj-wiccs/wp/wp-content/uploads/2012/07/jscc2012.pdf（2019年9月26日、参照）。

（3）　『銃・病原菌・鉄』には、実は随所に中国への言及がある。「……なぜ中国人

は、アフリカ大陸の最南端を西にまわってヨーロッパまで行かなかったのだろうか（中略）なぜ中国人は、太平洋を渡って、アメリカ西海岸を植民地としなかったのだろうか。言い換えれば、なぜ中国は、自分たちよりも遅れていたヨーロッパにリードを奪われてしまったのだろうか。」（下巻、308頁）などがそれである。本稿を書くためにざっと再読してあらためてそのことに気づいたので、読者の皆さんが手に取る動機づけを高めるための注意喚起をしておく。

（4）　山極は、近年の大学改革に関してもさかんに発言していて、「……すぐに役立つ能力は薄っぺらです。世の中はどんどん変わっていくわけだから、すぐに役立つ能力よりも、長い目で見て将来的に役立つ可能性がある力を身につけなければならない。しかも応用能力や適応能力を担保しなければ、社会に取り残されて、まったく見当違いの間違った方法に進んでしまう危険性もある。しかし、文部科学省は二〇二〇年の東京オリンピックを目標に、スポーツも教育も文化も研究も、一緒くたにして推進していくと話しています。これは取り返しのつかない間違いに発展する恐れがあります。教育は、非情に人間的な行為です。進化の過程から見ても、教育を意図して行うようになった動物は人間以外に存在しません。つまりは人間の本性なのだということです。そこをもう一度、根本から問い直す必要がありますね。」（同書、153頁）と述べる。このあたりの主張にも共感するところ大きい。また、京都大学総長の職にありながら、ここまでフランクに発言するのは立派だと思う。さすが、ゴリラとともに生活したことがあるだけのことはある。

（5）　歴史ビックデータに関しては、人文学オープンデータ共同利用センターのHPを参照（http://codh.rois.ac.jp/、2019年11月22日参照）。

（6）　金基鳳「人工知能の時代、Historia Quovadis」『現代社会と歴史学』第16回日韓歴史家会議報告書、2018年3月。

（7）　技術的なことがらではないが、英語で発表するとき、日本語的な枕詞は言うなと注意されたことがある。日本語的な発想では、「私はこの問題に関しては十分検討できていないのだが……」、「管見の限りでは……」などという枕詞を使う場合がある。英語でそれを書いたところ、原稿を見てくださったイギリス近代史の専門家から、それは決して言ってはならない、もし、十分検討できていないのならば、発表してはいけない、という注意を受けたことがある。確かに、英語での発表でそんなことを言っている場面には遭遇したことがない。また、自分で未熟だと言っている人の発表を聞かされる方の身になって考えてみれば確かにそのとおりである。筆者は、注意をしてくださったこの研究者に深い恩義を感じている。また、上手な発表者は、冒頭で必ずジョークを言う。これはとても難しい。時々の話題、その場の雰囲気などなどからうまく聞き手の

関心を自分の発表に向けさせる必要があるからである。会議に出席した時に、何人かの先達に質問したところ、前日から何かうまいジョークはないかと一生懸命に考えているとのこと。この世界は、けっこう厳しい。

（8）　岡本隆司編『宗主権の世界史—東西アジアの近代と翻訳概念』名古屋大学出版会、2014年、の英語版である、OKAMOTO Takashi(ed.), *A World History of Suzerainty: A Modern History of East and West Asia and Translated Concepts,* Toyo Bunko research library 20, 2019. が刊行され、同時に、東洋文庫のHPからPDF版をダウンロードできる。英語版の刊行の大きな意味と同時に、この試みが文脈の共有のための学界の共有財産となったことを確信する。日英両方が参照されるべき文献である。

（9）　台湾史における閩南語の問題も意識したほうがいいのだが、ここではこの問題に触れる余裕がない。

（10）　いささか驚いたのは、同志社大学で2016年6月にAASの研究大会が開催されたときのことである。たくさんの日本人の研究者が参加して、日本史のセッションが数多く組織されるのかと思っていたのだが、予想に反して、ほとんど日本人の研究者には遭遇しなかった。日本史には日本語中心のサークルと英語のサークルの二つがあって、その間の研究交流は実際にはあまりないということを実感した。しかし、こうした状況もだんだん変化していて、2018年には明治維新をめぐる国際会議が外国でもたくさん開催されているので（Revisiting Japan's Restoration: Interregional, and Alternative Perspectives, National University of Singapore, 2018年9月）、日本史の世界も少しづつ変化していかざるをえない。

（11）　社会言語学的な研究によると、使われない言語は次第に消滅してしまう危険があり、日本語のなかでは、先島の方言が危機にある。けれども、これを敷衍すると、多くの言語が今後消滅の危機に瀕するであろうし、グローバル化はこうしたことを無慈悲に進めるのである。つまり、世界中は、人口構成などから言って、いずれ英語と中国語になるという話。

（12）　この問題を意識するきっかけになったのは韓国の研究者との交流である。韓国の中国近現代史の研究者との意見交換を中国語で行う会議が息長く続けられている。その討論の中で、「国民国家」という用語は、韓国人学者と日本人学者のあいだでかなり異なった使われ方をする場合のあることに気づいた。漢字を基礎とする両国言語の成り立ちから、「国民国家」はごく普通に使われる言葉なのだが、ニュアンスはかなり異なるように思われる。その背景には、国民国家を経て帝国を形成し、他方、植民地を切り離す過程を敗戦によって事実上進行させた日本と南北問題を最大の政治課題とする韓国の歴史的現実があることは言うまでもない。しかし、遺憾ながら討論の際にこれを十分に意識するこ

とはたいへんに難しい。

(13)　ユニバーサル・ヒストリーを広く理解してもらうためには、うまく日本語にしないといけない。グローバル・ヒストリーの難点は、それを日本語に訳してこなかったことにもよる。しかし、いまのところ、うまい漢語が思いつかない。漢学的な教養の欠如を深く反省しつつ、「共生のための歴史学」という理念先行の意訳を提案しておくことにする。

◆文献一覧

飯島渉・久保亨・村田雄二郎編（2009）『シリーズ20世紀中国史』第1〜第4巻、東京大学出版会

飯島渉（2011）「「中国史」が亡びるとき」『思想』第1048号

飯島渉（2006）「総説——中国近現代史研究の方法、思想、制度」飯島渉・田中比呂志編『21世紀の中国近現代史研究を求めて』研文出版

梅棹忠夫（1957／1974）「文明の生態史観」（初出は、『中央公論』1957年2月、その後、同『文明の生態史観』中公文庫）

ジョナサン・ハスラム（2007）『誠実という悪徳——E.H.カー1892—1982』角田史幸・川口良・中島理暁訳、現代思潮新社

ジャレド・ダイアモンド（2000）『銃・病原菌・鉄——一万三〇〇〇年にわたる人類史の謎』草思社

増淵龍夫（1983）『歴史家の同時代史的考察について』岩波書店

山極寿一・関野吉晴（2018）『人類は何を失いつつあるのか—ゴリラ社会と先住民社会から見えてきたもの』東海大学出版部

安岡孝一ほか（2018）「古典中国語（漢文）の形態素分析とその応用」『情報処理学会論文誌』Vol.59、No.2

コラム③　発信型語学力

　イタリア人研究者ガイド＝サマラーニ氏は、かつて中国近代史研究を志した頃、師匠からイタリア語を使うことをあきらめるよう言われたそうだ。中国研究の成果に対してイタリア国内では、あまりにも「需要」が少ないからである。これに対して日本の中国研究は、外国研究としては異様なほど国内「市場」が大きく、研究者は外国語文献を読む際に語学力を要するだけで、成果の発表は日本語のみで行なっていても、研究活動をすることは可能だ。

　しかし、今日これほど学術上の国際交流が盛んになると、従来のように外国語を「読む」だけで、自らは全く「話さない」「書かない」ということ（何でも吸収するが何も放出しない「ブラック＝ホール状態」）は、次第に困難になりつつある。外国人研究者に会った時の自己紹介に始まり、国際学会での発表・討論や海外での著作の出版に至るまで、日本人研究者が外国語で成果を発信する機会は、急激に増えつつある。

　留学する場合は言うまでもなく、海外史料調査の際にも自身の研究計画を、口頭・書面で先方に伝えねばならないのだ。しかし、残念ながら日本の現行教育制度では、20歳を過ぎると外国語会話・作文を練習する機会が、皆無に近くなる。た

とえ留学しても歴史研究者は図書館・文書館にこもりがちで、会話力・作文力の向上につながらない場合もある。そこで、研究者として必要な発信型語学力を身につける秘訣を紹介しよう。なお、ここで想定しているのは筆者自身の能力ゆえに中国語・英語の場合だが、他の言語（韓国語やフランス語等）でも事情は同じだろう。

1　発　　音

　ネイティブ＝スピーカーでも訛っている人は珍しくないのだから、ヘタでも恥ずかしがる必要はない。ゆっくり丁寧に話せば、だいたい通じるものだ。ただ、より通じやすく発音するコツはある。

　日本人の発音は一本調子になりがちなので、中国語なら有気音と無気音の区別や四声のメリハリを、英語なら長母音・短母音や強勢・弱勢の区別を、大袈裟なくらいつける。また、複合母音を長母音化させない（"樓下"は「ローシャー」ではなく「ロウシア」、"homepage"は「ホームページ」ではなく「ホウムペイジ」）。いずれも少し意識すればすぐにできる簡単なことばかりだが、これらを実行するだけで格段に歯切れが良くなる。

　日本人には発音困難な子音も幾つかあ

るが、これは「訛ったネイティブ」を真似すればよい。例えば、中国語の zh, ch, sh は多くの外国人のように j, q, x とするのではなく、南方中国人の様に z, c, s とした方がよい。英語の場合はインド人の様に r は巻き舌に、th は s や z でなく t や d にしてしまえばよい。

　西洋の国際学会では英語ができることが当然の前提で、非英語圏出身者にも通訳などは無論つかない。だからこそ、さまざまな訛りの英語が話されていて、誰もそれを気にかけない。通じればよいのである。

2　語　彙

　普段から外国語の文章を読む時、音読することを心がけよう。この場合なるべく実際に声を出して口と耳を鍛えた方が効果的なのだが、頭の中で音を響かせるだけでもよい。それによって多くの単語を視覚よりも聴覚で記憶し、会話の際に使うことができるようになるだけでなく、後述する外国語の文法構造もリズムとして体得でき、作文力が飛躍的に増すという利点もあるのだ。

　特に、研究上よく使う固有名詞や術語は是非とも音で覚え、必要な時にすぐ口をついて出るようにしておこう。例えば、「孫中山」は「そんちゅうざん」、"Sūn Zhōngshān"、"Sun Yat-sen"、「珠江三角洲」は「じゅこうさんかくす」、"Zhūjiāng Sānjiǎozhōu"、"Pearl River Delta"、「（清朝の）總督」は「そうとく」、"zǒngdū"、"governor-general"、「（国民政府の）軍事委員會」は「ぐんじいいんかい」、"Jūnshì Wěiyuánhuì"、"National Military Council" と、それぞれ3通りの音で覚える。

　中国語の場合は漢字を目で見て意味を取り、日本語発音で読めば用が足りてしまうこともあるが、それでは中国語の語彙を増やすことはできない。どうせ大量の外国語文献を読むのだから、それらを音読することで会話力・作文力も伸ばしてしまえば、一石二鳥である。ただ、そういう「硬い」ものばかりを語学教材にしていると、「認同 rèntóng, identity」・「意識形態 yìshí xíngtài, ideology」は知っていても、「菠菜 bōcài, spinach」・「微波爐 wēibōlú, microwave」は知らないということになりがちで、これはこれで滑稽なのだが。

3　文　法

　どうも多くの日本人には外国語学習に関して、文法と会話とを対立させて考える傾向が強い。そして、「学校の授業は文法ばかりだから、実践的会話には役立たない」という迷信がはびこっている。しかし、文法を知らなければ作文ができず、作文ができなければ発言を組み立てることもできない。また、「日本人は文法が得意なわりに、会話は苦手だ」という、今一つの迷信もよく耳にする。だが、読者諸君は英語の仮定法や分詞構文や関係代名詞、中国語の存現文や補語（結果補語・時量補語・方向補語・様態補語・可能補語）を、きちんと使って「話す」

「書く」ことができるだろうか（読んで解るだけではダメだ）。

　むしろ文法知識があやふやだからこそ、言いたいことを表現できない場合も少なくない。その証拠に、上手く話せない人の多くは文章を書くことも苦手なのだ。単語の羅列では内容のある会話にならない。観光客ならば"饅頭，一個。"や"Hamburger, please."と言うだけですむかもしれないが、研究者はもっと複雑・高度な内容を正確に表現せねばならず、それには文法知識が必要不可欠なのである。だから、押し入れの奥から大学受験時の英文法参考書や、学部時代の中国語教科書を引っぱり出してきて（ヤ○オクやメル×リで売りに出したりしてないだろうね？）、辞書と一緒に机の上に並べておこう。

4　実　践

　とにかく、話したり書いたりする機会を可能な限り多く持とう。語学学習は、質より量だ。留学できるのなら何よりだが、日本にいても外国人研究者や留学生と接触する機会は、いくらでもある。

　まずは、1対1の自己紹介から始めるとよい。自分の経歴や研究内容を、相手に説明するのだ。もちろん事前に頭の中で想定問答を、十分に準備（作文）しておかねばならない（この点で「話す」ことと「書く」こととに、本質的な違いはない）。相手の予期せぬ質問に立ち往生するかもしれないが、最初のうちはそれで構わない。経験を積むにつれて、よく

使われる単語や言い回しを覚え、たどたどしいながらも答えられるようになる。

　次に授業や研究会といった大勢の集まる場で、質問や意見を述べてみよう。人前で外国語を話すのは緊張するものだが、最初は一言だけでよい。場数を踏んで慣れてきたら、次第に討論に加わっていけるだろう。そして、さらに進んで学会等で自ら研究成果を発表する段階へと至る。昨今では発表者を公募している会議も世界各地で開かれているから、道場破りのつもりで積極的に参加してみよう。

　外国語で論文を書く際には、なるべくマメに辞書を引く（あやふやに覚えている単語のなんと多いこと！）。ネイティブに校閲を受けると、語彙・文法・表現等多くの点で得るところがあるだろう。論文を数本書けば、外国語で執筆することが苦にならなくなる。

　発表の前には何度もリハーサルをして、時間を厳守し聴衆に解りやすく話すこと。質疑応答は最も難しいものかもしれないが、発表内容については自分がいちばん詳しいのだと、自信を持てばよい。ただ、それを表現する言葉が外国語だというだけのことである。上手く答えられなくても、べつに捕って喰われるわけではない。「旅の恥はかき捨て」くらいの気持ちでよい。逆に恥をかくことこそが、何よりの勉強になるのだ。恥をかいた分だけ上達する、と覚えておこう。

5　最後に

　1999年から2003年にかけて放映され、

筆者の長女が（実は筆者も）ハマっていた「おジャ魔女どれみ」というアニメがある。6人の少女達がひょんなことから魔女見習いとなり、家庭・学校・魔女界でドタバタを繰り広げながら、次第に魔法を習得し人間的にも成長していくという話で、これが筆者にはとても示唆的に思えた。

人はともすると語学の達人に、まるで魔女でも見るかのような目を向ける。いわく「あいつは才能があるから」、いわく「あいつは帰国子女だから」、いわく「あいつは国際結婚だから」等々。それらの有利な条件を持たぬ自分とは別世界に住む、不可思議な存在だというわけだ。

しかし、なんの苦労もなく複数言語を身につけた者など、まずいない。母語ですら無数の間違いを重ね、十数年を経てやっと一人前になるのだから、外国語であればなおのこと、数え切れぬほど恥をかいて、ようやく身につくのだ。ちょうど少女達が失敗を繰り返しながらも魔法の練習を積んで、9級から1級まで魔女の昇級試験に合格していったように。魔女は一日にしてならず、である。

海外在住だの国際結婚だのといった条件も、失敗して恥をかく機会が多い環境を意味するにすぎず、才能の一言で片付けられがちな資質も、実は失敗し続ける・恥をかき続ける根気のことにほかならない。「聖人可學而至」ではないが（語学など「器」だ）、失敗を恐れず恥を恐れず使い続けるならば、誰でも語学を習得することは可能なのだ。継続的努力以外に、王道は無い。

だから、まずはダメモトだと開き直ることから始めよう。外国語はどこまでいっても外国語であり、相手の言うことが100％解る、自分の言いたいことが100％伝わるなど、母語と違ってしょせんは不可能であり、聞き取れない・言い表わせないというもどかしさから、完全に解放されることなど永遠に望み得ないのだ。ただ語学力が仕事の「道具」である以上、その能力が高いのに越したことはない。だからこそ、通じる・解る程度を1割から2割へ、2割から3割へと高めていけばよいと、加点法で（減点法ではなく）考えよう。通じたら・解ったらもうけもの、である。

ただし、外国語の勉強は若い時に限る。年をとるほど音感も記憶力も減退するし、公私ともに多忙でその余裕がなくなるのだ。そして、博士だの教授だのと肩書きが付いてくると（中身はともかく）、恥をかきにくくなってしまうということもある。だから、若い内の恥は買ってでもかいて発信型語学力を高め、国際的に活躍できる研究者になってほしい。

（深町英夫）

あとがき

飯　島　　渉

　私が大学院生だった時の最後くらいに起きたのが1989年の天安門事件だった。10年間にわたる改革開放政策のある種のひずみがその背景にあったのだが、私はその段階では何が起きているのかをうまく理解できなかった。それから、30年あまりの時間が経過し、中国は学生時代に私が知っていたのとはその姿を大きく変化させた。SARS-CoV-2を原因とする新型肺炎COVID-19への対策のため封鎖された武漢市の様子を伝えるＢＢＣのテレビを見たとき（2020年3月中旬）、皮肉にも私が感じたのは、何度か訪ねたことのある武漢からは想像もできないほど高層ビルが林立し、その間をよく整備された道路が通っていて、武漢市が「現代化」したということだった。しかし、その道路には、一台も自動車が走っていなくて、封鎖されたその姿はまるでシュールな映画の1シーンのようだった。

　昨年から起きている香港の学生たちが中心となった異議申し立てや今年の1月の台湾の総統選挙、そして、本年に入って顕在化した新型肺炎の武漢市や湖北省、中国各地での流行と世界的なパンデミックの意味も、現在の私には俄かに判断することは難しい。中国での患者や死者の増加にはブレーキがかかったとされるものの、ヨーロッパや米国で流行が顕著になっているなど、状況は変化しているからである。

　4月はじめにおける大きな懸念の一つは、アフリカなどへの感染の拡大だと思う。その背景には、「一帯一路」という国際的な戦略の下で、膨大な資金と人員をアフリカ各国に投入している中国の現実がある。現在、アフリカに拠点を持つ中国人の数は、流動性が高いこともあって正確にはわからないが、50万人から200万人と言われている。1980年代に中国に留学した私は、その時、特に理工系の大学にたくさんのアフリカからの留学生がいたことを思い出す。彼ら彼女たちは、いったい今どこで何をしているのだろうか。それほど深い付き合いはなかったのだが、ブルンジ出身の学生と少し仲良くなって、長身の彼の

しなやかな姿と英語とフランス語がベラベラだったことにコンプレックスを抱いたことが思いだされる。しかし、ブルンジではその後激しい内戦があり、たくさんの人が亡くなった。彼は私よりも少し年上だったが、はたして……。最近、ケニアの感染症対策など、アフリカのことを調べていて、そんなことをとりとめもなく思い出すことがある。

　中国のそれも近現代の歴史に関心を持ち、なぜ職業的研究者になりたいと考えたのかは、以前すこし書いたことがあるので繰り返さないが（「Ｙさんと中国の現代史」東京大学出版会『ＵＰ』442号、2009年8月）、映像に映された武漢市のシュールな街並みを見ながら、その中で息をひそめている人々の普通の生活に想いを巡らせたいと強く思った。もっとも、10年前とはとても異なった状況もあって、子どもたちや学生はネットで授業を受けている。そうしたさまざまなことがらが、中国だから起きていることなのか、それとも、何処にでも起きうることがたまたま中国で起きているのかを考える。私自身は、後者の立場から、たまたま中国という場所で起きていることがらとして今回の感染症の歴史も描いてみたいと考えている。

　本書は、ある種の研究入門を意識したものだが、なるべく理屈を言って、抽象度を高めることを、再度、執筆者の方々にお願いした。その試みに参加して下さった友人たちに御礼申し上げます。また、旧版の共編者であった田中比呂志氏と相談して、こちらは私が担当し、同時期に刊行した学部生のための卒業論文マニュアルである『中国近現代史研究のスタンダード』の方は田中氏が担当するということで分業することにした。編者の変更はそうした事情であることを紹介しておきたい。

　齢を重ねるといろいろなことが起きるものだ、ということも実感する。そして、慌ただしさの中で、粘り強く編者や執筆者を見守って下さったのは、かわらず山本實さんである。本書の刊行を支えて下さった山本さんと研文出版のみなさんにあらためて御礼申し上げます。

2020年4月10日

索　引

執筆者一覧（掲載順）

飯島　渉（いいじま　わたる）

1960年生まれ。青山学院大学文学部教授

主要論著　『感染症と私たちの歴史・これから』（清水書院，2018年），『感染症の中国史』（中公新書，2009年），『中国近現代史研究のスタンダード』（共編著，研文出版，2005年），『ペストと近代中国——衛生の「制度化」と社会変容——』（研文出版，2000年）

田中比呂志（たなか　ひろし）

1961年生まれ。東京学芸大学教職大学院教授

主要論著　『袁世凱』（山川出版社，2015年），『近代中国の政治統合と地域社会——立憲・地方自治・地域エリート』（研文出版，2010年），『中国近現代史研究のスタンダード』（共編著，研文出版，2005年）など。

吉澤誠一郎（よしざわ　せいいちろう）

1968年生まれ。東京大学大学院人文社会系研究科教授

主要論著　『清朝と近代世界　19世紀』（岩波新書，2010年），『中国近現代史研究のスタンダード』（共著，研文出版，2005年），『愛国主義の創成——ナショナリズムから近代中国をみる』（岩波書店，2003年），『天津の近代——清末都市の政治文化と社会統合』（名古屋大学出版会，2002年）

佐藤　仁史（さとう　よしふみ）

1971年生まれ。一橋大学大学院社会学研究科教授

主要論著『垂虹問俗——田野中的近現代江南社会与文化』（共著，広東人民出版社，2018年），『近代中国の郷土意識——清末民初江南の在地指導層と地域社会』（研文出版，2013年），『嘉定県事——14至20世紀初江南地域社会史研究』（共著，広東人民出版社，2014年），『太湖流域社会の歴史学的研究——地方文献と現地調査からのアプローチ』（共編著，汲古書院，2007年）

村上　衛（むらかみ　えい）

1973年生まれ。京都大学人文科学研究所准教授

主要論著　「清末西江の「海賊」——「緝捕権」問題と貿易・航運」（『史林』第100巻 1号，2017年），『近現代中国における社会経済制度の再編』（編著，京都大学人文科学研究所附属現代中国センター，2016年），『海の近代中国——福建人の活動とイギリス・清朝』（名古屋大学出版会，2013年）

石川　禎浩（いしかわ　よしひろ）

1963年生まれ。京都大学人文科学研究所教授

主要論著　『赤い星は如何にして昇ったか——知られざる毛沢東の初期イメージ』（臨川書店，2016年），「中国近代歴史的表与里」（北京大学出版社，2015年），『革命とナショナリズム（シリーズ中国近現代史第 3 巻）』（岩波書店，2010年）

深町　英夫（ふかまち　ひでお）

1966年生まれ。中央大学国際経営学部教授

主要論著　『中國議會百年史――誰代表誰？　如何代表？』（編著，臺大出版中心，2019年）。『教義身體的政治――中國國民黨的新生活運動』（三聯書店，2017年）。『孫文――近代化の岐路』（岩波書店，2016年）。『中国議会100年史――誰が誰を代表してきたのか』（編著，東京大学出版会，2015年）。『身体を躾ける政治――中国国民党の新生活運動』（岩波書店，2013年）

岡本　隆司（おかもと　たかし）

1965年生まれ。京都府立大学文学部教授

主要論著　『増補　中国「反日」の源流』（ちくま学芸文庫，2019年），『世界史序説――アジア史から一望する』（ちくま新書，2018年），『中国の誕生――東アジアの近代外交と国家形成』（名古屋大学出版会，2017年），『中国の論理――歴史から解き明かす』（中公新書，2016年）

川島　真（かわしま　しん）

1968年生まれ。東京大学大学院総合文化研究科国際社会科学専攻教授

主要論著　『20世紀の東アジア史』（全三巻，田中明彦と共編著，東京大学出版会，2020年4月刊行予定），『よくわかる現代中国政治』（小嶋華津子と共編著，ミネルヴァ書房，2020年4月刊行予定），『中国の外交戦略と世界秩序』（遠藤貢，高原明生，松田康博と共編著，昭和堂，2019年），『中華民国史研究の動向―中国と日本の中国近代史理解―』（中村元哉と共編著，晃洋書房，2019年）

上田　貴子（うえだ　たかこ）

1969年生まれ。近畿大学文芸学部教授

主要論著　『奉天の近代―移民社会における商会・企業・善堂』（京都大学学術出版会、2018年），「東北アジアにおける中国人移民の変遷　1860―1945」（蘭信三編著『日本帝国をめぐる人口移動の国際社会学』不二出版，2008年），「哈爾濱の日本人――1945年8月―1946年9月」山本有造編『満洲　記憶と歴史』京都大学学術出版会，2007年）

大国化する中国の歴史と向き合う

2020 年 8 月 20 日初版第 1 刷印刷
2020 年 9 月 1 日初版第 1 刷発行

定価 ［本体 2700 円＋税］

編　者　飯島　渉
発行者　山本　實
発行所　研文出版（山本書店出版部）

〒101-0051　東京都千代田区神田神保町 2-7
TEL(03)3261-9337／FAX(03)3261-6276

印刷　モリモト印刷
製本　塙　製本

© IIJIMA & WATARU　　　2020 Printed in Japan
ISBN978-4-87636-455-8

＊表示はすべて本体価格です。